सफ़दर

सफ़दर हाशमी का व्यक्तित्व और कृतित्व

सफ़दर

सफ़दर हाशमी का व्यक्तित्व और कृतित्व

राजकमल प्रकाशन

ISBN : 978-81-267-0989-2

मूल्य : ₹299

पहला संस्करण : 1989
दूसरा संस्करण : 2001
This book is printed on **Print on Demand** Technology : 2025

प्रकाशक : राजकमल प्रकाशन प्रा. लि.
1-बी, नेताजी सुभाष मार्ग, दरियागंज
नई दिल्ली-110 002
द्वारा प्रकाशित

शाखाएँ : अशोक राजपथ, साइंस कॉलेज के सामने, पटना-800 006
पहली मंजिल, दरबारी बिल्डिंग, महात्मा गांधी मार्ग, प्रयागराज-211 001
1, अनमोल सोराबजी संतुक लेन, धोबी तलाव, मरीन लाइंस, मुम्बई-400 002
वेबसाइट : www.rajkamalprakashan.com
ई-मेल : info@rajkamalprakashan.com

SAFDAR
Personnality and writings of Safdar Hashmi

क्रम

सफ़दर के नुक्कड़ नाटक

सबसे अंधेरा समय 1938-1941

बरस यह ऐसा कि करेंगे बातें लोग, बारे में इसके
बरस यह ऐसा कि रहेंगे लोग चुप, बारे में इसके।

मरते देखते हैं जवानों को बूढ़े।
मूर्ख देखते हैं मरते बुद्धिमानों को।

धरती उगलती नहीं अब, निगलती है।
लाता नहीं आकाश वर्षा-बौछारें, लोहा गिराता है।

बर्तोल्त ब्रेष्त

अंग्रेजी से अनुवाद : प्रयाग शुक्ल

दो शब्द

सफ़दर से बिछड़े हमें अभी बहुत दिन नहीं बीते हैं। उसकी याद धुँधलायी नहीं है। उसका सौम्य मुस्कुराता चेहरा अब भी दिन में कई बार आँखों के सामने आ जाता है, और क्षण-भर के लिए वही भावना, वही हल्की-सी पुलकन, वही उल्लास मन में उठता है जैसा उसके जीते जी उससे मिलने पर उठा करता था, और उसके बाद गहरा अवसाद दिल पर उतर आता है। यह उसके मरने के दिन नहीं थे। वह जी-जान से काम में लगा हुआ था, उसे अपनी समूची प्रतिभा समर्पण कर रहा था। उसकी रचनात्मकता खिलने लगी थी, वह नए-नए प्रयोग करने लगा था, उसकी प्रतिभा का बहुमुखी विकास होने लगा था। नए-नए आयाम उसकी रचनात्मकता में जुड़ने लगे थे। प्रौढ़ दृष्टि, आत्मविश्वास, अदम्य उत्साह, इन सभी को लिए, अपने रचनात्मक जीवन के अगले चरण की दहलीज़ पर खड़ा वह जैसे अपने पर तौल रहा था। और उसके सामने संभावनाओं का विशाल क्षेत्र खुला पड़ा था और जैसे उसे आमंत्रित कर रहा था।

यह छोटी-सी पुस्तक जिसमें उसकी कुछेक गिनी-चुनी रचनाओं को संग्रहीत किया गया है, उसके समूचे प्रखर व्यक्तित्व का प्रतिनिधित्व नहीं कर सकती। वह इनसे बहुत बड़ा था, ये केवल उसकी रचनात्मक क्षमताओं की ओर इशारा-भर करती हैं। इन्हें संग्रहीत करके प्रकाशित करने का मकसद उसकी याद को बनाए रखना है, उसे अपनी स्नेहपूर्ण श्रद्धांजलि अर्पित करना है, उसके खिले चेहरे और खिले व्यक्तित्व को दिल में सँजोकर रखने का प्रयास मात्र है।

जिन मूल्यों, कदरों, कीमतों और जिस कार्य-कलाप के साथ वह जुड़ा हुआ था, और अपनी शक्ति का कण-कण दे रहा था, वह सब तो हमारे समाज को ही समर्पित था। अपने लिए तो वह कुछ नहीं कर रहा था, न अपने को आगे बढ़ाने के लिए, न नाम कमा पाने के लिए, न सुख-सुविधा अर्जित कर पाने के लिए। उसका ध्येय तो हमारे समाज के

अंतर्विरोधों को बेनकाब करना था। सामाजिक न्याय के लिए संघर्ष करना था, जूझना था। उसका निजी जीवन, और उसके साथ ही उसकी पत्नी का जीवन, दोनों का जीवन इस ध्येय पर निछावर था।

ऐसे व्यक्ति को तो एक न्यायसंगत समाज पलकों पर बिठाता है, ऐसे व्यक्तियों की तो सहायता की जाती है कि उनकी प्रतिभा को खिलने का मौका मिले ताकि न केवल वे हमारे सांस्कृतिक जीवन को समृद्ध बनाएँ, बल्कि समाज को सचेत करें, सच्ची प्रगति की प्रेरणा दें।

ऐसी शख़्सियत की भाड़े के गुंडों द्वारा हत्या करवाना हमारे समाज पर, हमारी मान्यताओं और सामाजिक मूल्यों पर कलंक नहीं है तो क्या है ? क्या ऐसे होनहार, निःस्वार्थ, प्रतिभा संपन्न युवकों की हत्या की जाती है ? प्रत्येक राष्ट्र का, प्रत्येक समाज का एक अंतःकरण होता है, हमारे यहाँ भी उस अंतःकरण की आवाज़ बंद नहीं हो गई है। इस वातावरण में भी नहीं जो उत्तरोत्तर दूषित होता जा रहा है। हज़ारों-हजार लोग जो सफ़दर की हत्या के बाद, बेचैन होकर घरों के बाहर निकल आए थे, देश-भर में संवेदनशील बुद्धिजीवी और साधारण नागरिक जो अपने-अपने नगरों, कस्बों में सभाएँ कर रहे हैं, शोक-प्रस्ताव और विरोध-प्रस्ताव पारित कर रहे हैं, कहीं गहरे में उद्वेलित हुए हैं। सफ़दर की हत्या एक होनहार युवक की या एक प्रतिभा संपन्न कलाकार की ही हत्या नहीं है। यह हमारे जनतंत्रात्मक मूल्यों पर कुठाराघात है। यह एक हादसा नहीं है, यह एक ऐसी भयावह घटना है जिसने हम सबको ललकारा है कि देखो, देश किस ओर जा रहा है। इस दूषित वातावरण में इस हत्या को भी राजनीतिक रंग देने की कोशिश की जा रही है। कुछ लोग इसे एक साधारण घटना की संज्ञा दे रहे हैं, कि दो पार्टियों के उम्मीदवार और उनके समर्थक चुनावों की गर्मी में आपस में भिड़ गए, जिससे दो आदमी मारे गए, और उनमें से एक संयोगवश कलाकार हाशमी था। कुछ लोगों ने तो यहाँ तक कहना शुरू कर दिया है कि जो जुलूस और प्रदर्शन उसकी मृत्यु के बाद हुए हैं, उनका अभिप्राय राजनैतिक लाभ उठाना था। कुछ का कहना है कि ये प्रदर्शन, सत्तारूढ़ राजनैतिक पार्टी को बदनाम करने की कोशिश है।

इस प्रकार के विचार उसी दूषित मानसिकता और वातावरण में ही उठ सकते हैं, जिसमें हम आज साँस लेने लगे हैं। क्या यह मृतक का अपमान नहीं है ? क्या यह हम सबका अपमान नहीं है ? उसकी अर्थी के पीछे चलनेवाले हजारों लोग कोई राजनैतिक स्वार्थ पूरा करने के लिए चल रहे थे ? क्या उनमें हमारे वयोवृद्ध आदरणीय लेखक और कलाकार नहीं थे, जिनका सफ़दर की राजनैतिक पार्टी के साथ दूर-पार का भी

संबंध नहीं ? क्या इस भयानक दुष्कर्म पर पर्दा डालने की कोशिश अपने देश के सांस्कृतिक वातावरण को और अधिक दूषित नहीं बनाती ?

सफ़दर की हत्या हम सबके लिए एक चेतावनी बनकर आई है । जो कुछ देश में हो रहा है—विसर्जनवादी तत्वों की आक्रामकता, सांप्रदायिकता का नंगा नाच, संकीर्ण राजनैतिक दाँव-पेंच और हथकंडे, हर दिन जो निर्दोष लोग गोली का निशाना बनाए जा रहे हैं, इन सभी घटनाओं से हम भलीभाँति परिचित हैं । हम इनके मूक दर्शक बनते जा रहे हैं । पर सफ़दर तो इन्हीं शक्तियों के साथ जूझ रहा था । वह तो हमारी कृतज्ञता का पात्र था । ऐसे व्यक्ति की हत्या दिन-दहाड़े की जाए और फिर कहा जाए कि सफ़दर के मित्र उसकी हत्या को अपना स्वार्थ साधने के लिए राजनैतिक रंग दे रहे हैं ! क्या इस तरह की सोच शर्मनाक नहीं है ? सांप्रदायिक तनाव को दूर कर पाने के लिए, घर-घर जाकर, विशाल पैमाने पर नागरिकों के प्रदर्शन का आयोजन करते हुए, कार्यक्रम और सेमिनारों का आयोजन करते हुए, और साथ-ही-साथ बस्ती-बस्ती, गाँव-गाँव जाकर नुक्कड़ नाटक प्रस्तुत करते हुए नौजवान ने अपनी सामर्थ्य से अधिक काम किया । ऐसे निश्छल, निष्ठावान समाजसेवी की हत्या हमारी वर्तमान सामाजिक स्थिति की भयावह वास्तविकता को हमारे सामने ले आती है ।

सफ़दर का क्रिया-कलाप नुक्कड़ नाटक खेलने और सांप्रदायिक तत्वों के विरुद्ध मोर्चा लेने पर मुख्यतः केंद्रित रहा है ।

लगभग 16 वर्ष से सफ़दर 'जन नाट्य मंच' से जुड़ा हुआ था । उसका सक्रिय कार्यकर्ता रहा था । उसके हाथों नाट्य-कला की यह विधा अधिक पैनी, धारदार और अधिक प्रभावशाली बनी है । उसकी नाटक मंडली द्वारा सैकड़ों बार एक-एक नाटक खेला गया है । 'औरत' और 'समरथ' के बारे में तो कहते हैं कि इन्हें एक-एक हज़ार से अधिक बार खेला गया है । 'हल्ला बोल' जहाँ एक ओर दर्शकों का दिल खोलकर मनोरंजन करता है, वहाँ मिल-मज़दूरों के यथार्थ जीवन पर से परत-दर-परत पर्दा उठाता चला जाता है । जीवन के यथार्थ से सीधा साक्षात्, मानो तेज़ नश्तर से उस नासूर को लोगों की आँखों के सामने काटता जा रहा हो—अधिकाधिक लोगों तक पहुँच पाने के लिए, सामाजिक जीवन के किसी पहलू के प्रति उन्हें सचेत करते हुए, उन्हें सोचने पर विवश करते हुए, और सतत संघर्ष की प्रेरणा देते हुए, क्योंकि संघर्ष के बिना समाज में कोई भी परिवर्तन संभव नहीं है ।

नुक्कड़ नाटक की यह विधा आज की स्थितियों की उपज है । अपने काल की उपज है । प्रत्येक युग अपनी साहित्यिक, सांस्कृतिक विधाएँ

स्वयं प्रस्तुत करता है। आज की माँग है कि लेखक और कलाकार सामाजिक यथार्थ की सही तस्वीर पेश करें, जिस भाँति आज के युग में, कहानी विधा उभरकर आई थी और साहित्य की लोकप्रिय विधा बनी, वैसे ही नुक्कड़ नाटक भी सामने आया। यह रंगमंच पर खेले जानेवाले लंबे नाटक का पर्याय नहीं है, न ही विकल्प है। यह कोई नहीं कहता कि अब थियेटर हॉल में से कलाकार निकल आएँ और गली-बाज़ार में अपने लघु नाटक, एकांकी अथवा नुक्कड़ नाटक ही दिखाएँ, कि थियेटरों को बंद कर दिया जाए। कोई यह नहीं कहता कि नुक्कड़ नाटक, नाट्य-कला के विकास का अगला चरण है। पर निश्चय ही नुक्कड़ नाटक से नाट्य-कला के साथ नए आयाम जुड़ते हैं। उसने एक स्वतंत्र विधा का रूप ले लिया है। वैसे ही जैसे एकांकी ने, कहानी ने, रेडियो-एकांकी आदि ने। हाँ, सामाजिक स्तर पर नुक्कड़ नाटक की एक भूमिका है जो वह रंगमंच पर, थियेटर की चारदीवारी के अंदर नहीं निभा सकता।

दिल्ली में अनेक थियेटर हॉल हैं, वहाँ हर शाम नाटक खेले जाते हैं, पर उन्हें देखनेवाले गिने-चुने वही सौ-दो सौ चेहरे। कुछेक शौकिया लोगों की विधा बनकर रह गया है नाटक। यों वह भी अपनी जगह विकासोन्मुख है, पर उसका दायरा निश्चय ही सीमित है। लेकिन सामाजिक दायित्व से उत्प्रेरित नुक्कड़ नाटक खेलनेवाले युवक-युवतियों के खेल साधारण जनता के सामने जगह-जगह खेले जाते हैं। किसी हॉल में खेलोगे तो गिने-चुने लोग पहुँचेंगे, जिन्हें इस कला में रुचि है, बाहर खेलोगे तो स्वयं हज़ारों-हज़ार लोगों तक पहुँचोगे। यह बहुत बड़ा फर्क है।

समाजोन्मुख साहित्य के विकास में नुक्कड़ नाटक एक महत्त्वपूर्ण चरण है। इसका उभरकर सामने आना लाज़मी था। जब साहित्यकार ज़िंदगी के यथार्थ के अधिक निकट आता है, और समाज के परोपकारों को अपना सरोकार समझने लगता है तो उसकी कलम उन सरोकारों को व्यक्त कर पाने के लिए बाध्य हो जाती है। उस स्थिति में यह स्वाभाविक ही है कि वह उसी के अनुरूप एक सक्षम विधा का विकास करे। विधाएँ आसमान से नहीं गिरतीं, वे जीवन की वास्तविक स्थितियों में से ही जन्म लेती हैं। और नुक्कड़ नाटक के इस विकास में उन नाटक-मंडलियों का और उन निष्ठावान नाट्यकर्मियों का बहुत बड़ा हाथ है जिन्होंने न केवल नुक्कड़ नाटक को जन-जन तक पहुँचाया, बल्कि एक विधा के रूप में भी उसकी क्षमताओं और संभावनाओं का विकास किया।

एक ज़माना था जब हमारे समाज के मंच पर इप्टा (I.P.T.A.)

उतरा था और एक प्रबल सांस्कृतिक लहर के रूप में देश-भर में फैला था। वह भी नाटक को थियेटर की बंद चाहरदीवारी के बाहर खींच लाया था और उसे सीधा जनसाधारण के बीच ले गया था। कौन नहीं जानता कि हमारे देश की नाट्य-कला के विकास में इप्टा और उसके रंगकर्मियों की बहुत बड़ी देन रही है—समस्त भारत की लोक-कलाओं को एक मंच पर लाना, विभिन्न कलाओं में नए-नए प्रयोग करना, परंपरागत लोककलाओं को पुनः जीवंत बनाना, उनका विकास करना, समूचे देश के सांस्कृतिकर्मियों को एक-दूसरे के साथ जोड़ना, उन बंद दरवाजों को खोलना जो विभिन्न क्षेत्रों-प्रदेशों को एक-दूसरे से अलग किए हुए थे, और उन मुद्दों को लेकर जो हमारे देश के सामाजिक जीवन के लिए खतरनाक साबित हो रहे थे, अपनी आवाज़ उठाना। वह देशव्यापी सांस्कृतिक आंदोलन था, हमारे सांस्कृतिक-सामाजिक जीवन को बहुत बड़ी देन थी। नुक्कड नाटक मूलतः उसी सांस्कृतिक आंदोलन की उपज थी, और यह निश्चय ही बड़े हर्ष-उत्साह का विषय है कि आज फिर से देश-भर में ऐसे नाट्यकर्मियों की अनेक मंडलियाँ उभर आई हैं, जिन्होंने नुक्कड़ नाटक-विधा को अपनाया है। इनमें सफ़दर की मंडली 'जननाट्य मंच' की भूमिका अग्रणी रही है। इप्टा की मंडलियाँ भी अनेक प्रदेशों में फिर से गर्मजोशी के साथ काम करने लगी हैं।

नुक्कड़ नाटक उपदेशक की भूमिका नहीं निभाता। वह जन-साधारण के बीच से निकली हुई जनसाधारण की ही आवाज़ है। कलाकार और दर्शक की भूमिका यहाँ अलग-अलग नहीं रहती। दोनों एक-दूसरे के बहुत निकट आ जाते हैं, बल्कि नाटक उन्हीं के बीच जा पहुँचता है, और इस तरह दर्शक भी मात्र दर्शक न रहकर उस नाटक का अंग बन जाता है, दोनों के बीच की विभाजन रेखा मिटने लगती है, अभिनेता उन्हीं में से निकला हुआ व्यक्ति बन जाता है। नुक्कड़ नाटक की यह भूमिका, नाटक के विकास में ऐतिहासिक महत्त्व रखती है। परंपरागत रंगमंच अभिनेता और दर्शक को अलग-अलग क्षेत्रों में रखता है, वहाँ पर दर्शक अभिनय को ग्रहण करता है, जबकि नुक्कड़ नाटक में दर्शक उसका भागीदार बन जाता है। यह नुक्कड़ नाटक के स्वभाव का ही हिस्सा है। जन-जीवन में से उठनेवाला नाटक ही ऐसा कर सकता है। बहुत दिनों से नाट्यकर्मियों की यह कोशिश रही है कि दर्शक और अभिनेता के बीच की इस विभाजन-रेखा को मिटाया जाए, बहुत-से, तरह-तरह के प्रयोग किए गए, रंगमंच को हटाकर, हॉल के फर्श पर, हॉल के बीचोंबीच, नाटक खेले जाने लगे, दर्शकों के बीच में से अभिनेता प्रकट होने लगे, दर्शकों के बीच में से टिप्पणियाँ और आवाजें आने

लगीं। ये सब प्रयोग थे नाटक को जनता के निकट ले जाने के, उन दीवारों को तोड़ने के, कहीं कुछ था जो कृत्रिम था, उसे तोड़कर स्वाभाविकता लाने के। जहाँ थियेटर के अंदर खेले जानेवाले नाटक एक वर्ग-विशेष का क्षेत्र बन गए थे, नुक्कड़ नाटक ने उन वर्गों का अधिकार भी तोड़ दिया है। नाटक सभी की चीज़ बनता जा रहा है।

पर इस विधा को अपनाना अभिनेता से बड़ी कुर्बानी माँगता है, निष्ठा और निःस्वार्थ भावना माँगता है। थियेटर में काम करनेवाला पेशेवर अभिनेता तो सुविधाओं के ख्वाब देख सकता है, पर नुक्कड़ नाटक खेलनेवाला साधारण सुविधाओं तक की अपेक्षा नहीं कर सकता। वह तो अपनी जवानी देगा, अपने गृहस्थ जीवन की उपेक्षा करेगा। कभी पुलिस से आँख चुराकर तो कभी उसे चकमा देकर नाटक खेलेगा। उसके नाटक पर पथराव होगा, क्योंकि उसका नाटक देखनेवाले टिकट खरीदकर नहीं आते, राह चलते नागरिक खड़े हो जाते हैं, या नाटक को भंग करने के लिए भेजे जाते हैं।

सफ़दर ने ऐसे ही जोखिम उठाते हुए पिछले 17 साल तक इस नाट्य-विधा को सक्षम बनाने में अपना योगदान दिया है, और ऐसे ही नाटक में भाग लेते हुए उसने अपने प्राणों की आहूति दी है। सफ़दर प्रेरणा का स्रोत रहा है, और वह भविष्य में भी प्रेरणा का स्रोत बना रहेगा। उसकी इस सुंदर प्रेरणाप्रद याद को बनाए रखने के लिए ही इस पुस्तक का प्रकाशन किया जा रहा है।

यह संकलन अधिक कुछ नहीं कहता, पर इतना ज़रूर कहता है कि सफ़दर सरीखे युवक-युवतियाँ हमारे समाज को जीवित रखे हुए हैं। जहाँ हमारे चारों ओर भयावह तत्त्व उभर रहे हैं, सफ़दर हमारे विश्वास को बनाए हुए है, हमारी आशाओं का पोषण कर रहा है। अंधकार के इस घिरते घटाटोप में प्रकाश की किरण के समान वह हमारे क्षितिज को आलोकित कर रहा है और हमें हमारे दायित्व का बोध करा रहा है कि यदि इस संकट के समय में प्रगतिशील, जनतंत्रात्मक, सेक्युलर शक्तियाँ, न केवल सांस्कृतिक जीवन में, बल्कि समूचे सामाजिक जीवन में एक विशाल सांझे मोर्चे में एकबद्ध न हुईं तो सफ़दर जैसे लोगों की कुर्बानी व्यर्थ जाएगी; क्योंकि जहाँ प्रतिक्रियावादी तत्त्व उत्तरोत्तर आक्रामक रूप ग्रहण कर रहे हैं, वहाँ जनतंत्रात्मक, प्रगतिशील तत्त्वों में बिखराव का बने रहना शीघ्र ही उन्हें प्रभावहीन बना देगा, और यह हमारे समाज के लिए घातक सिद्ध होगा।

दिल्ली
1-3-89

भीष्म साहनी

कौन था जो मार दिया गया

एक आर्टिस्ट, एक क्रांतिकारी सफ़दर हाशमी को आप क्या कहेंगे? थियेटर और क्रांति सफ़दर के लिए दो अलग-अलग चीज़ें नहीं थीं, बल्कि ये दोनों उसकी शख़्सियत में कुछ ऐसी घुलमिल गई थीं कि इन्हें अलग-अलग नहीं देखा जा सकता।

सफ़दर ने थियेटर और क्रांति दोनों का सपना एक साथ देखा था। इनके पिता हनीफ़ हाशमी मेरे दोस्त थे। हम दोनों ही सोवियत इन्फार्मेशन डिपार्टमेंट में एक अरसे तक नौकरी करते रहे। सफ़दर की उम्र कोई आठ-नौ वर्ष की होगी, जबकि एक दिन मुलाक़ात कराते हुए उनके पिता ने मुझसे कहा—"इनसे मिलिए, ये आपके नक़्श-ए-क़दम पर चले हैं, एक्टिंग भी करने लगे हैं और बहुत इन्क़लाबी भी हो रहे हैं। आपके सारे ड्रामे देख चुके हैं।" मैं ख़ुद तो यह सुनकर झेंपा ही था, सफ़दर भी एक तरफ़ खड़े कुछ शर्माते, मुस्कुराते रह गए थे। ज़माने का व्यंग्य देखिए कि ठीक उस समय जबकि वे एक मँझे हुए क्रांतिकारी आर्टिस्ट की हैसियत से हमारे सामने आने लगे थे, उन्हें मंज़र-ए-आम से ज़ुल्म के हाथों ने हटा दिया।

क्रांति और आर्ट दोनों ही सफ़दर की फ़ितरत में एक साथ नक़्श हो गए थे। उनकी सारी मेहनत इन्हीं दोनों चीज़ों को समझने में लगी; अध्ययन के ज़रिए भी और अनुभव के द्वारा भी। एक तरफ़ राजनीतिक, सामाजिक समस्याओं और दूसरी तरफ़ रंगकर्म की बारीकियों को समझने में उन्होंने अपना समय लगाया, और यह काम बड़ी मेहनत, हौसलामंदी और दृढ़ता से करते रहे।

उनकी जानकारी का दायरा बहुत व्यापक था। उर्दू, हिंदी, अंग्रेज़ी, तीनों भाषाओं पर अच्छा ख़ासा अधिकार था। हिंदी की क़स्बाती बोलियाँ समझते भी थे और अपने लेखन में इनका प्रयोग भी करते थे। बातचीत का विषय कोई भी हो, सफ़दर के साथ बैठकर बातचीत करने में मज़ा आता था। साहित्य, राजनीति, चिकित्सा, विज्ञान—हर विषय में

सफ़दर जानकारी से बहस करने की योग्यता रखते थे ।

पिछले अक्तूबर में मैंने अपना नाटक 'मंगलो दीदी' लिखने के बाद सफ़दर के ड्रामा ग्रुप 'जन नाट्य मंच' के कुछ सदस्यों को एक विशेष गोष्ठी में सुनाया । नाटक सुनकर सफ़दर ख़ूब हँसे और कहने लगे, ''यह नाटक कुछ हद तक लिसिस्ट्राटा (Lysistrata) की याद दिलाता है । इसी दिशा में इसे आप कुछऔर क्यों नहीं उभारते ?'' यहाँ सफ़दर के ज़ेहन के दो पहलू उजागर होते हैं ।

एक तो सफ़दर को अरिस्टोफनीस (Aristopanes) की यह महान शास्त्रीय कॉमेडी मालूम थी, जिस पर मुझे ज़्यादा आश्चर्य इसलिए नहीं हुआ कि मैं सफ़दर को इस हद तक तो जानता था कि जिसके आधार पर यह कह सकूँ कि शेक्सपीयर के सारे नाटक और यूनान के तमाम क्लासिक उनकी नज़र से ज़रूर गुज़रे होंगे । दूसरा पहलू जिसे जानकर मुझे ज्यादा हैरत हुई, वह था सफ़दर का साहित्य में श्रृंगार (Erotics) की तरफ़ रवैया । और वह भी यह देखते हुए कि सफ़दर मेहनतकश तबकों के एक सामाजिंक और राजनीतिक नेता भी थे और हिंदुस्तानी वातावरण में काम कर रहे थे । इस बात को और ज़्यादा साफ़ करने के लिए मैं एक और मिसाल पेश करूँ ।

पिछले जून के महीने में जब हम दोनों प्रेमचंद की कहानी पर आधारित नाटक 'मोटेराम का सत्याग्रह' पर काम कर रहे थे, तो उसमें एक नए दृश्य की रचना की गई । यह दृश्य था, एक तवायफ का कोठा । ज़ाहिर है कि इसका कोई संबंध प्रेमचंद की कहानी से न था । मैंने इस दृश्य पर जो दोबारा काम किया तो इसमें बेडरूम कॉमेडी के जितने पहलू संभव हो सकते थे, वह सब सामने आ गए । सफ़दर की पत्नी मलयश्री तवायफ़ का पार्ट कर रही थीं और सफ़दर ख़ुद उस मजिस्ट्रेट का, जो कोठे पर जाता है । सभी लोगों को इस दृश्य में बहुत आनंद आ रहा था, न सिर्फ़ इसलिए कि दृश्य बहुत हँसानेवाला था, बल्कि इसलिए भी कि नाटकीयता के दृष्टिकोण से यह दृश्य नाटक का सबसे ज़्यादा प्रभावशाली दृश्य था । हालाँकि सफ़दर ख़ुद रिहर्सलों के दौरान इस दृश्य में बहुत आनंद लेते हुए और बहुत खुलकर पार्ट कर रहे थे, पर एक दिन यकायक उन्हें एक वसवसे ने आ घेरा । उन्होंने कहा, हालाँकि दृश्य बहुत मज़ेदार है और शायद राजनीतिक ऐतबार से अर्थपूर्ण भी है, फिर भी उन्हें इस बात पर शक है कि जब प्यारे लाल भवन और अन्य थियेटरों के प्रारंभिक चंद शो के बाद वह सड़कों पर इस नाटक को लेकर जाएँगे तो वहाँ जनता पर इस दृश्य का क्या प्रभाव होगा । बात उनके दिल में कुछ इस तरह की थी । दिल्ली के थियेटरों में जानेवाले, जो

आमतौर पर मध्यम वर्ग के पढ़े-लिखे नागरिक होते हैं, उन्हें तो शायद इस तरह के दृश्य के हास्य से लुत्फ़अंदोज़ होने की आदत है, लेकिन शहर की जनता, जिसमें अधिकतर ग़रीब तबक़ों के लोग शामिल हैं, कहीं उन पर ऐसे हास्य का उलटा प्रभाव न पड़े, और कहीं ऐसा न हो कि नाटक के वास्तविक उद्देश्य से उनका ध्यान हट जाए। मुझे बात कुछ गंभीर लगी, क्योंकि हमारा उद्देश्य तो प्रेमचंद की कही हुई बात को आगे बढ़ाना था। उनकी कहानी 'सत्याग्रह' दरअसल एक व्यंग्य है जिसमें राजनीति को धर्म के साथ मिलाकर खिचड़ी पकानेवालों की खिल्ली उड़ाई गई है। इस विषय पर प्रेमचंद की कुछ कहानियाँ, जो हमारे सामने थीं, उनमें से इस कहानी का चयन, हमने इसी आधार पर किया था कि विषय का यह पहलू हमारे वर्तमान राजनीतिक हालात से बहुत समानता रखता है। मैंने फौरन सब कलाकारों की एक मीटिंग बुलाने का फ़ैसला कर लिया।

कोई तीस से ज़्यादा कलाकार होंगे। सब इस बात पर विचार करने के लिए बैठ गए। लगभग सबका फैसला यही निकला कि जहाँ तक नुक्कड़ नाटक के दर्शकों का संबंध है, इस दृश्य को उनके सामने प्रस्तुत करने में सरासर ख़तरा है। मैंने प्रस्ताव रखा कि फिलहाल इस दृश्य को काट दिया जाए और कलाकारों के मित्रों, संबंधियों को एकबार बुलाकर रिहर्सल दिखाया जाए। इस दृश्य के हटा देने से नाटक में कुछ उलटफेर करना लाज़िमी था, जो मैंने फौरन कर लिया। नए संवाद की जहाँ ज़रूरत थी, लिख दिए गए, कुछ महत्त्वपूर्ण बातें जो अब छूट गई थीं, उन्हें नए रूप में उजागर किया गया। कलाकारों ने आवश्यकतानुसार तैयारी मुकम्मल की, और एक बार फिर सारे नाटक का रिहर्सल लोगों को दिखाया गया। परिवर्तन से मूल कहानी में कोई ख़ास फर्क नहीं आया था। जिन्होंने पहला रिहर्सल नहीं देखा था, उन्हें किसी तरह की कमी का एहसास भी न हुआ, लेकिन जो पहले रिहर्सल देख चुके थे, उनकी दो राय बनीं। एक पुराने दृश्य के पक्ष में और दूसरी उसके ख़िलाफ। कलाकारों की राय शामिल करने के बाद बहुमत पुराने दृश्य के खिलाफ़ बरकरार रहा।

यहाँ यह बता देना शायद ज़रूरी है कि सफ़दर के अपने ख़यालात इस मामले में वही थे जो एक रोशन ख़याल साहित्यकार और कलाकार के हो सकते हैं। इस समस्या पर सफ़दर ने जो मुझसे बातें की थीं उनसे साफ़ ज़ाहिर हो गया था कि वह साहित्य और नैतिकता (Morality, Prudery) के सिलसिले में कट्टर हर्गिज़ नहीं थे। हम दोनों इस बात पर सहमत थे कि इन मामलों में मुल्लापन साहित्यकारों और कलाकारों को

शोभा नहीं देता, चाहे आम आदमी का इस सिलसिले में कुछ भी रवैया हो। हम इस बात पर भी सहमत थे कि श्रृंगारिक नैतिक मामलों में कट्टरपन की खिल्ली उड़ाना जनता के राजनीतिक प्रशिक्षण का एक ज़रूरी अंग (Essential element) होना चाहिए। जहाँ हमारी राय अलग-अलग थी वह राजनीतिक मसलेहत का मामला था, यानी किन बातों को प्राथमिकता दी जानी चाहिए, वर्तमान राजनीतिक सामाजिक पृष्ठभूमि में कौन-सी बातों को सबसे ज्यादा महत्व देना चाहिए, वास्तविक राजनीतिक उद्देश्य प्राप्त करने के लिए किन बातों को एक हद तक नज़रअंदाज़ कर देना ज़रूरी है, मौक़ा-महल के राजनीतिक तक़ाज़े क्या हैं, आदि-आदि। वैसे जहाँ तक इन समस्याओं का संबंध है मेरी नज़र में ये महत्त्वपूर्ण हैं और इनका हल तलाश कर लेना आसान हरगिज़ नहीं है।

बहरहाल इस मंज़िल पर सफ़दर ने यकायक कहा कि इस दृश्य के सिलसिले में आख़िरी फैसला आप ख़ुद करेंगे—और सब कलाकारों ने इस राय पर सहमति प्रकट की। अब ज़िम्मेदारी का सारा भार मुझ पर आ गया। मैंने फिर एक रिहर्सल का प्रस्ताव रखा, जिसमें इस बार कोठेवाला दृश्य ज्यों-का-त्यों वापस लाया गया। मैंने चाहा कि मुझे दृश्य पर गहराई से विचार करने का एक मौक़ा हाथ आए। मैंने फैसला सही किया हो या ग़लत, बहरहाल रिहर्सल देखने के बाद मैं इसी नतीजे पर पहुँचा कि इस दृश्य को बरक़रार रखना चाहिए। बस फिर उस दिन के बाद इस मसले पर दूसरी कोई बहस नहीं हुई। न कभी किसी को कोई शिकायत पैदा हुई, न माहौल में कभी कोई तनाव पैदा हुआ, हँसी-खुशी रिहर्सल होते रहे, और इसी तरह सारे शो। सफ़दर के ज़ेहन में जो लोच-लचक थी, उसकी इससे बेहतर मिसाल कौन-सी हो सकती है?

मुझे सफ़दर के साथ काम करने में जो आनंद आया है, शायद ही किसी और कलाकार के साथ काम करने में आया होगा। नेताओं में वह इंसानियत कम देखी होगी जो सफ़दर में थी, वह इंसानियत जो उसकी लीडरशिप की बुनियाद थी। जिसके आधार पर जन नाट्य मंच के सारे कलाकार आज तक एक जगह पर मज़बूती से जुटे हुए हैं। ये वह कलाकार हैं, जो समाज के विभिन्न वर्गों से संबंध रखते हैं और विभिन्न राजनीतिक विचारधाराओं के समर्थक हैं। राजनीतिक गतिविधियों का प्रभावशाली शिक्षक सफ़दर से बेहतर मेरी नज़र में दूसरा नहीं आता।

एक ग़लत दृष्टिकोण एक क्रांतिकारी के संबंध में यह भी है कि जैसे वह सर से पाँव तक एक दहकता हुआ अंगारा हो, बस और कुछ न हो। भाईचारा, सेवाभाव, इंसानी फ़ितरत से वाक़फ़ियत, जनता से सच्ची

हमदर्दी, महज़ तबीयत की सादगी, खुशतबई वह विशेषताएँ हैं, जो एक व्यक्ति को सच्चा क्रांतिकारी बना देती हैं, इन्हें प्रायः नज़रअंदाज़ कर दिया जाता है। सफ़दर की ज़िंदगी और उसका आचरण एक क्रांतिकारी से संबंधित गलत विचारों से छुटकारा दिलाता है।

मुझे पिछले वर्ष जुलाई की वह घटना याद आती है जबकि मुझे अपने एक आर्टिस्ट को इलाज के सिलसिले में सफ़दरजंग अस्पताल ले जाना था। जब मैंने सफ़दर से इस बात का जिक्र किया तो उसने अस्पताल के नौजवान मैडिकल छात्रों को मरीज़ के घर मुआयने के लिए भिजवाया, अस्पताल के डॉक्टरों से कहकर जाँच का इंतज़ाम किया, और इस सिलसिले में मेरे और मरीज़ के साथ अस्पताल के नाखुशगवार कमरों तथा बरामदों में कई-कई घंटे गुज़ार दिए। यह वह जमाना था जब वह नाटक लिखने और इसके अलावा और बहुत-से कामों में बेहद उलझा हुआ था। मैं सफ़दर की जान-पहचान के लोगों का व्यापक दायरा देखकर हैरान रह गया। दिल्ली का शायद ही कोई बड़ा अस्पताल होगा, जहाँ के किसी न किसी डॉक्टर या मैडिकल स्टूडैंट को सफ़दर न जानता हो। कौन नहीं जानता कि ऐसी लोकप्रियता वक़्त-ज़रूरत एक-दूसरे के काम आने और सेवा के एक निस्वार्थ जज्बे से हासिल होती है। मेरी राय में यह पहलू सफ़दर के क्रांतिकारी मिज़ाज का एक महत्त्वपूर्ण अंग बन गया था।

मुझे अपने नाटक 'हिरमा की अमर कहानी' के वे शो याद आ रहे हैं, जो हमने 1986 में श्री राम सेंटर में प्रस्तुत किए थे। यह नाटक बस्तर की आदिवासी ज़िंदगी और इतिहास से संबंधित है। सफ़दर इसके बारे में कुछ लिखना चाहते थे। हमने इस नाटक के लगातार सात शो किए। किसी भी शो में दर्शकों की संख्या ज़्यादा नहीं थी, मगर सफ़दर बराबर शो देखने कई दिन तक आते रहे और मुझसे मिलकर नाटक के बारे में बातें करते रहे। आखिरकार उन्होंने 'फायनेंसियल टाइम्स' (Financial Times) में एक लंबा और ठोस लेख छपवाया। इस नाटक की इससे बेहतर समीक्षा मेरी नज़र से नहीं गुज़री। प्रशंसा का पहलू अगर छोड़ दीजिए, तो इसका आलोचनात्मक पहलू भी बहुत तीखा और गहरा था। सफ़दर ने जो बुनियादी सवाल अपने लेख में उठाया था, वह राजनीतिक था। दरअसल नाटक या तो इस सवाल से हटकर गुज़र जाता है, या इसका जवाब प्रस्तुत करने में असमर्थ है।

नाटक बस्तर की कुछ ऐतिहासिक घटनाओं की एक झलक इशारतन पेश करता है। जिस जमाने में यह घटनाएँ हुई थीं, सफ़दर उस समय स्कूल में रहे होंगे। या तो सफ़दर लड़कपन ही में इन घटनाओं

से प्रभावित हुए होंगे, या उन्होंने आगे चलकर पुराने अखबारों के अध्ययन से इसकी जानकारी प्राप्त की होगी। मैं नहीं समझता कि सफ़दर की नस्ल के लोगों पर इन घटनाओं का इतना गहरा असर पड़ा होगा, जितना कि मेरी नस्ल के लोगों पर पड़ा था। मेरी मुराद प्रबीरचंद भंजदेव के ज़माने से है। मैं कहना यह चाहता हूँ कि सफ़दर के क्रांतिकारी मिज़ाज की तरकीब में कबीलाई समस्याओं से एक गहरी दिलचस्पी भी शामिल थी।

जिन कठिन परिस्थितियों में सफ़दर एक मुद्दत तक निहायत मुस्तकिल मिज़ाजी से सरगर्म रहे, वह अपनी जगह खुद एक हैरतअंगेज़ बात है। असहनीय गर्मी के ज़माने में, कीचड़-पानी से भरी हुई बस्तियों के इलाकों में मुझे सफ़दर के कुछ नुक्कड़ नाटकों को देखने का अवसर मिला है। गर्मियों के मौसम में चढ़ते सूरज के समय दूर-दराज़ के सफर पर निकल जाना, बस्तियों में जगह-जगह अपने नुक्कड़ नाटक दिन में दो-तीन बार प्रस्तुत करना, और रात देर से घर वापस आना, ज़फ़ाकशी का एक यह पहलू भी क़ाबिल-ए-ग़ौर है। इसके लिए एक अच्छी-खासी नौकरी को छोड़ देना, हर रोज़ का यही एक दस्तूर बना लेना, इस जिंदगी के लिए कैसा समर्पण, जनता के लिए कैसी बेपनाह मुहब्बत शामिल रही होगी।

यह नाटक सफ़दर खुद लिखते थे जिनका संबंध मेहनतकश जनता की ज़िंदगी और उसकी समस्याओं से था। उनके लिए वे गाने लिखते थे, अक्सर उनकी धुनें ख़ुद बनाते थे, उन नाटकों में अभिनेता की हैसियत से भाग लेते थे, गाते भी थे और प्रायः उनका निर्देशन भी करते थे। इतना सारा काम एक आदमी के लिए कुछ कम काम न था, और यह काम लगातार दस साल तक बराबर जारी रहा।

सफ़दर बहुत खूबसूरत गाने लिखते थे, मगर अपने आपको गीतकार या शायर की हैसियत से कभी महत्त्व न दिया। नाटकों का निर्देशन भी करते थे मगर हमेशा माज़रत ख्वाह रहते कि उन्हें निर्देशन नहीं आता। ऐक्टिंग बहुत अच्छी करते थे मगर ख़ुद को कभी एक्टर न समझा। वह एक लीडर थे, जिसने अपने को लीडर कभी न माना। सफ़दर एक सादा तबीयत और हँसमुख व्यक्ति थे, जिन्हें बात-बात पर खिलखिलाकर हँस देना आता था। जिस घर में भी क़दम रख देते, माहौल में जिंदगी की लहर दौड़ जाती, एक रौनक फैल जाती। उनकी विशेषताओं में ये कुछ विशेषताएँ ऐसी हैं, जिन्होंने उन्हें एक लोकप्रिय नेता बना दिया। ऐसी विशेषताएँ जो दूसरे तथाकथित नेताओं में कम नज़र आती हैं।

दस वर्ष की नुक्कड़ नाटक की अनथक सरगर्मियों के बाद सफ़दर ने

मुड़कर उस थियेटर की तरफ़ नज़र की, जिसे वह थियेटर की मुख्य धारा (Mainstream of Theatre) कहा करते थे, कभी वह उसे नुक्कड़ नाटक की तुलना में प्रोसीनियम थियेटर (Proscenium Theatre) भी कहते। यानी वह थियेटर जिसे वह मुद्दतों पहले पीछे छोड़ आए थे। कहते थे कि वह इस थियेटर से इतना दूर हट गए हैं कि जो कुछ उस जमाने में तजुर्बे से सीखा था, वह भी भूल बैठे थे, अब वह इस थियेटर की तरफ फिर से वापस आना चाहते थे, चाहे वह अपने नुक्कड़ नाटक के काम को ज़्यादा ताक़बियत देने के लिए ही क्यों न हो। उन्होंने अपने लिए एक कार्यक्रम बनाया। उसकी पहली कड़ी यह थी कि मुझे अपने ग्रुप के लिए एक नाटक के निर्देशन के लिए कहा। जिसका नतीजा था पिछले जुलाई की प्रस्तुति 'मोटेराम का सत्याग्रह'। इस सिलसिले की दूसरी कड़ियों में कुछ ऐसे नाट्य-शिविर शामिल थे, जो एम. के. रैना, बंसी कौल और इस तरह के अन्य निर्देशक जन नाट्य मंच के कलाकारों के लिए चलानेवाले थे। साथ-साथ वह खुद जे. एन. यू. और दूसरे युवक केंद्रों के लिए नाट्य-शिविर कर रहे थे, जिसमें मुझ जैसे कुछ निर्देशकों को भी बुलाते थे। इसी ज़माने में पहली बार वह उस जन-उत्सव की बात करने लगे थे, जिसमें रंगकर्मी, कवि, लेखक, चित्रकार और तरह-तरह के दस्तकार, फनकार और कारीगर जनता के बीच में एक खुले माहौल में अपने काम पेश करें और एक-दूसरे का असर कबूल करने का खुद को मौक़ा दें। अभी यह ख़याल एक सपने ही की शक्ल में था कि जुल्म के बेअक्ल हाथों ने उन्हें मौत के घाट उतार दिया।

सफ़दर ने ऐसे थियेटर की तरफ वापस आने की ज़रूरत क्यों महसूस की होगी, कि जिसमें उनका ग्रुप दो-ढाई घंटे की मुद्दत के नाटक प्रस्तुत कर सके और जिसे देखने के लिए लोग टिकट खरीदकर दाखिला प्राप्त करें। एक कारण तो साफ़ वही है जो वह खुद बताया करते थे, यानी खुद अपने लिए और अपने ग्रुप के कलाकारों के लिए थियेटर की तकनीकी समस्याओं पर बेहतर नियंत्रण प्राप्त करना।

वह खुद कहा करते थे कि बरसों नुक्कड़ नाटकों में, खुले माहौल में काम करने से एक्टर चीख़कर बोलने का आदी हो जाता है, और जहाँ तक मूवमेंट का संबंध है, एक्टर मजबूर है कि चारों तरफ जहाँ-जहाँ दर्शक खड़े हैं, वहाँ जा-जाकर एक्टिंग करे और इस तरह एक गोल में घूमता रहे। वह रंगकर्मी की इस जरूरत के बारे में बातें करते कि वह आवाज़ के उतार-चढ़ाव, संवाद बोलने के विभिन्न अंदाज, मंच पर उद्देश्य के अनुसार चलने के अलग-अलग तरीके, और प्रोडक्शन की भिन्न शैलियों में ट्रेनिंग प्राप्त करे।

एक लेखक की हैसियत से भी सफ़दर ने यह महसूस किया होगा कि उन्हें एक भिन्न प्रकार के तजुर्बे की ज़रूरत है। इससे उन्हें बेहतर नुक्कड़ नाटक लिखने में भी मदद मिलेगी। पिछले जून के महीने में जब सफ़दर मुझसे एक नाटक के निर्देशन के सिलसिले में बात करने के लिए आए, जिसका आधार प्रेमचंद की किसी कहानी को होना था, जिसका विषय सफ़दर ने सांप्रदायिकता तय किया था और जो प्रेमचंद दिवस पर प्रस्तुत किया जानेवाला था, तो उन्होंने मुझे कुछ कहानियाँ दीं और अपनी पसंद की दो-एक कहानियों की तरफ इशारा किया। उन्हें एक कहानी खासतौर से पसंद थी, जिसका एक पात्र जामिद नाम का था। वे इस कहानी को दूसरी एक कहानी के साथ मिलाकर नाटक लिखने की सोच रहे थे। मैंने उनसे कहा कि नाटक लिख लाओ तो खयाल के समझने में आसानी होगी। उन्होंने एक छोटा-सा नाटक फौरन लिख लिया। दृश्य और संवाद अच्छे थे लेकिन सफ़दर खुद महसूस कर रहे थे कि अंत कमज़ोर है। मैंने देखा कि अंत को मजबूत बनाने के लिए दूसरी कहानी से काम नहीं चलेगा। मैंने कहा कि 'सत्याग्रह' को उठाओ और किसी और कहानी को मिलाए बग़ैर इस पर नाटक लिखो, शायद इस तरह हमारा मक़सद पूरा हो जाएगा। इसी तेज़ी से सफ़दर 'मोटेराम का सत्याग्रह' लिख लाए। इस पर हम दोनों संतुष्ट हुए, और अब नाटक आपके सामने है, आप खुद देखें कि दृश्य कितनी उम्दगी से निकाले गए हैं और गाने और संवाद किस पुख़्ता मशक़्क़ी से लिखे गए हैं।

इस नाटक की प्रस्तुति के बाद दिल्ली के मिल-मज़दूरों के वेतन का मसला सफ़दर के सामने आया और उन्होंने एक नया नाटक 'चक्का जाम' लिखा, जो बाद में बदलती हुई परिस्थितियों के अनुसार उलट-फेर लेने के बाद 'हल्ला बोल' कहलाया। मैंने इसका शो जे. एन. यू. के मैदान में देखा। मैं जब इस नाटक और 'मोटेराम का सत्याग्रह' का इनके पिछले नाटकों से मुक़ाबला करता हूँ तो मुझे महसूस होता है कि सफ़दर एक ऐसे मोड़ पर आ गए थे, जहाँ से एक पुख़्ताकार लेखक की शुरुआत होती है। इनके नए नुक्कड़ नाटक में ज़्यादा सस्पैंस, ज़्यादा गहराई थी, व्यंग्य का पहलू ज़्यादा तीखा, हास्य का अंदाज़ ज़्यादा दिलचस्प था। प्लाट में ज़्यादा पेचीदगी थी, और नाटक की राजनीतिक चोट ज़्यादा भरपूर थी।

मेरी राय में एक और भी कारण, शायद इससे भी बड़ा कारण था जिसके लिए सफ़दर दूसरे रंगकर्मियों के सहयोग की तलाश में थे। इनमें कुछ ऐसे रंगकर्मी भी थे, जिनसे वह मुद्दतों पहले बिछुड़ गए थे। मेरे ख़्याल से उनकी राजनीतिक सूझबूझ ने उन्हें इस नतीजे पर पहुँचा दिया

था कि थियेटर के माध्यम में काम करनेवाले रंगकर्मी को थियेटर आंदोलन से जुड़े हुए भी ज़रूर रहना चाहिए। मेरे ख़याल में उन्हें थियेटर के अंदर एक बहुत बड़ा दायरा ऐसा नज़र आ रहा था, जो लगभग सारे रंगकर्मियों के लिए समान था, चाहे उनके राजनीतिक ख़यालात एक-दूसरे से कितने ही अलग हों। इस दायरे का संबंध उन विषयों से भी है जो नाटक के लिए उपयुक्त समझे जाते हैं, और इन समस्याओं से भी है, जिनका रंगकर्मियों को आए दिन सामना करना पड़ता है। इस लाईन पर एक बहुत व्यापक थियेटर फ्रंट की झलक उनके सामने थी, जो मिल-जुलकर अपना उद्देश्य प्राप्त करने के संघर्ष में लगा रहे। मेरी नज़र में नफ़दर की राजनीतिक और कलात्मक परिपक्वता का यह एक और प्रतीक है।

इससे बड़ा व्यंग्य और क्या हो सकता है कि ठीक इसी अवसर पर सफ़दर का ख़ून बहा दिया गया। एक नौजवान और गहरी नज़र रखनेवाला कलाकार, थियेटर-आंदोलन का एक सच्चा और असाधारण लीडर हमारे बीच से चला गया। यह कमी, कुछ ऐसा महसूस होता है कि लाइलाज है। अगर वह जीवित होता तो यक़ीन है कि वह सारे काम पूरे कर गुज़रता जो उसने अपने लिए मुकर्रर कर रखे थे। लेकिन हक़ीक़त यह है कि वह गुज़र गया और उसकी उम्र 34 से आगे नहीं पहुँच पाई।

उसकी मौत ने हम पर ज़ाहिर किया कि उसकी प्रसिद्धि का दायरा कितना फैला हुआ था। सिर्फ़ यही नहीं, बल्कि उसकी मौत ही है जो उन मोर्चों पर विजय पाती नज़र आ रही है, जिसका उसने अपनी ज़िंदगी में सपना देखा था। वह आदर्श जिसे प्राप्त करने के लिए वह ज़िंदगी-भर सक्रिय रहा और जिसके ऊपर उसने अपनी जान निछावर कर दी, वह एक बेहतर समाज था, बेहतरी के लिए सामाजिक परिवर्तन था उस्तवारी. उद्देश्य का सामंजस्य, जिंदगी और मौत के दरमियान मुताबिक़त, इससे ज्यादा भला और क्या हो सकती है। अगर वह अपनी मौत के द्वारा अपना ख़्वाब हासिल कर लेता है, तो फिर उसकी मौत शायद बेकार न हुई हो।

सफ़दर का क़त्ल दिन-दहाड़े और जान बूझकर किया गया। वह अपना नुक्कड़ नाटक 'हल्ला बोल' ज़िला गाजियाबाद के इलाक़े साहिबाबाद में नए साल के पहले दिन दोपहर के समय प्रस्तुत कर रहा था, जबकि उस पर हमला किया गया। दूसरे दिन दस बजे उसने आख़िरी साँस ली। दरअसल वह पहली जनवरी ही को शहीद हो चुका था, जबकि उसकी फालिजज़दा बेहोश लाश ख़ून में नहाई हुई सड़क पर पाई गई थी। इसके बाद फिर दोबारा सफ़दर को होश न आया। असंख्य

चोटें जो उसने सही थीं, वह सारी की सारी सिर और गर्दन पर थीं, जो लाठियों और शायद लोहे की छड़ों से लगाई गई थीं। हमलावर गिरोह ने क़त्ल करने की नीयत से उस पर हमला किया और बज़ाहिर उन्होंने अपना काम बड़े इत्मीनान और कामयाबी से अंजाम दिया, और पुलिस ने या तो वहाँ से मुँह मोड़ लिया और या जान-बूझकर अपने-आपको वारदात के मौक़े से दूर रखा।

उस दिन एक नहीं, दो ख़ून हुए। एक मासूम दर्शक, एक मज़दूर, राम बहादुर राम का। वह भी इस झमेले में जान से मारा गया। यह क़त्ल पिस्तौल से किया गया। वह व्यक्ति उसी समय वहीं ढेर हो गया। यह आदमी क्यों मारा गया ? क्या लोगों में आतंक फैलाने के उद्देश्य से चलाई हुई गोली छिटककर उसे लग गई ? या फिर उस क़त्ल का कारण भी कुछ और था ?

और वैसे सफ़दर भी आख़िर क्यों मारा गया ? क्या इसलिए कि उसने मज़दूरों को उचित वेतन दिलवाने के सिलसिले में अपनी आवाज़ बुलंद की ? या शायद इसलिए कि उसने अवाम के गरीब और मेहनतकश तबक़ों का हर मौक़े पर साथ दिया, हर जुल्म के खिलाफ़ उनके पक्ष में खड़ा हो गया ? फिर क़ातिल आखिर कौन थे ? सुना है चश्मदीद गवाह मौजूद हैं। आतंक का माहौल अगर साफ़ हो जाए तो वह सामने आ सकते हैं। यह ज़रूरी है कि मामला जल्दी-से-जल्दी इंसाफ़ की मंज़िल तक पहुँचे !

ज़रूरी है कि इस तरह के क़त्ल व ग़ारतगरी का सिलसिला खत्म हो। देश में निर्दोष लोगों का क़त्ल कर दिया जाना अब हद से आगे बढ़ चुका है। अख़बार हर रोज ऐसी ख़बरों से भरे होते हैं। यहाँ तक कि लोगों का एहसास मिटता जा रहा है। हम अख़बार के हर पृष्ठ पर मरनेवालों की संख्या पर एक उछलती नज़र डालते हुए आगे बढ़ जाने के आदी होते जा रहे हैं। और अब यह नौबत आ गई है कि समाज के बेहतरीन दिल व दिमाग रखनेवाले व्यक्तियों को घास-फूस की तरह काटकर फेंका जाने लगा है। समय आ गया है कि हम इस सारे सिलसिले को खत्म कर देने के लिए आवाज़ उठाएँ। अगर सफ़दर की मौत से यह परिणाम निकलता है कि सब कलाकार और बुद्धिजीवी संगठित होकर समाज के कुचले हुए वर्गों के साथ जुड़ जाते हैं और एक ऐसा मज़बूत और संयुक्त मोर्चा क़ायम कर लेते हैं, जो क़त्ल व ग़ारतगरी की राजनीति को हमेशा के लिए ख़त्म कर दे, तो भी सफ़दर का मरना बेकार साबित न होगा।

हबीब तनवीर

सफ़दर : ज़िंदगी और मौत के अर्थ

उस घटना को दो महीने हो गए हैं । फिर भी जब मैं पीछे मुड़कर देखता हूँ, सफ़दर के बारे में और उसकी मौत से उठे सवालों के बारे में सोचता हूँ, तो लाखों जवाब मेरे जेहन में आते हैं और आते हैं, और सवाल । 60 दिनों से ज्यादा के इस अर्से में मैंने महसूस किया है कि जवाब खुद सवालों में तब्दील होते जा रहे हैं ।

देश-भर में कलाकर्मी क्षुब्ध हैं, नाराज हैं और अपनी उपस्थिति तथा विरोध दर्ज कराने में कहीं ज्यादा दृढ़तापूर्वक एकजुट हैं । फिर भी, अभी भी ऐसे लोग हैं जो चुप ही रहना चाहेंगे और सफ़दर की हत्या को भूलना ही चाहेंगे । अपने दिलों में ये लोग भी अपनी असहायता को लेकर बहुत दुखी होंगे । फिर भी वे इस सबसे अछूते रहकर अपने रचनाकर्म में वापिस लौट जाना चाहेंगे और ऐसे दिखाएँगे जैसे जो कुछ हुआ है, उसका उन पर कोई असर ही नहीं हुआ हो । लेकिन क्या यह सही तरीका है ? आँखें बंद कर लेना और किसी तरह चलते रहना ? इस तरह कब तक चला सकता है ?

कुछ लोग यह दलील देते हैं कि सफ़दर एक राजनीतिक कार्यकर्ता था और इसीलिए वह राजनीतिक हिंसा का शिकार हो गया । यह तर्क किसी भी तरह से काफी नहीं है । किसी भी युग में कोई भी कलाकार अपने देश और काल में ही सृजन करता है । दुनिया की उसकी एक कल्पना होती है, जिस रूप में वह दुनिया को देखना चाहेगा । वह जीवन की अपनी कल्पना को जिस रूप में समझता है, उसे मूर्त करने के लिए और अपने स्वप्न को लोगों के साथ बाँटने के लिए, अपना रूप और अपनी अंतर्वस्तु चुनता है ।

यह संभव है कि सत्य की अपनी खोज में वह एक ऐसे समाज की कल्पना कर रहा हो जो अभी अस्तित्व में ही नहीं आया है । हो सकता है कि उसे अपने समय में समझा भी न जाए । फिर भी सत्य की उसकी खोज ही उसके रचनात्मक प्रयासों को पर्याप्त औचित्य सौंप देती है ।

इसके ही विस्तार के रूप में, जब कोई व्यक्ति अपने रचनात्मक

प्रयासों को रंगमंच के नाटक से नुक्कड़ पर उतारता है तो उसे कहीं ज्यादा और कहीं कठिन चुनौतियों का सामना करना पड़ता है। नुक्कड़ का अभिनेता, रंगकर्म के प्रति अपने रवैये तथा दृष्टिकोण में भिन्न होता है, क्योंकि एक कलाकार होने के साथ ही वह एक सचेत सामाजिक तथा राजनीतिक कार्यकर्ता भी होता है। उसे इसका एहसास होता है कि क्यों वह नुक्कड़ पर अपना नाटक कर रहा है। नुक्कड़-नाटक भाड़े पर कराया जानेवाला काम, कोई भूमिका अदा करने के लिए नौकरी पर रखे गए लोगों का काम नहीं है, नहीं हो सकता है। नुक्कड़ अभिनेता नुक्कड़ पर इसीलिए होता है कि वह एक निश्चित दृष्टिकोण पेश कर सके, उसकी हिमायत करे और उसे लेकर लोगों का सीधे सामना करे। वह कृत्रिम तकनीकों और औजारों के पीछे छुप नहीं सकता है। उसके पास सिर्फ नाटक का अपना पाठ होता है और होते हैं अपने विश्वास, जबकि उसके सामने होती है ऐसी भीड़ जो आती है और चली जाती है, जो उससे सहमत भी हो सकती है और असहमत भी और जिससे उसे स्वतःस्फूर्त ढंग से और कई बार तो पहले से तैयारी के बिना, प्रत्युत्पन्न ढंग से भी अंतर्क्रिया करनी होती है।

इसके अलावा आज नुक्कड़-नाटक करने में दूसरे छुपे हुए जोखिम भी हैं और ये जोखिम हमारे देश में आज के नुक्कड़ के हैं। चंद रोज ही पहले की एक मिसाल दूँ। मैं सांप्रदायिक सौहार्द्र के लिए, लालकिले से शुरू होकर मेरठ जा रहे मार्च से लौट रहा था। इस मार्च में जानेमाने कलाकारों, कवियों तथा अन्य बुद्धिजीवियों की शिरकत थी, लेकिन कोई भी राजनीतिक नेता नहीं था। कलाकारों ने गाने गाए और मैं खुद को थोड़ा उदात्त, थोड़ा आशावान महसूस कर रहा था। लेकिन, वहाँ से लौटते हुए रास्ते में मुझे एक विचित्र एक्शन ड्रामा देखने को मिला। कुछ स्मार्ट-से नजर आनेवाले नौजवानों ने एक कार से किसी को खींच लिया और उस पर टूट पड़े। ये नौजवान रिवाल्वरें तथा स्टेनगन चमका रहे थे। सारा दृश्य ऐसा था जैसे सीधे किसी फिल्म से लिया गया हो। अंतर इतना था कि सारा दृश्य कहीं ज्यादा वास्तविक और कहीं ज्यादा डरानेवाला था। मेरी उत्सुकता मुझे उस झुंड के नजदीक खींच ले गई। लेकिन, उन लड़कों ने हम लोगों को दूर रखने के लिए चिल्लाना और गालियाँ देना शुरू कर दिया और वहाँ जमा सारे लोग बिखर गए।

अचानक मुझे इसका एहसास हुआ कि ये लोग कितनी आसानी से गोलियाँ चलाना भी शुरू कर सकते थे। इस बारे में तरह-तरह की अफवाहें थीं कि ये लोग कौन थे ? हमने यह भी सुना कि उन्हें स्टेनगनों के साथ पकड़ा गया था। बहरहाल, इसके सिवा कुछ भी साफ नहीं था कि

आदमी को फौरन वहाँ से खिसक जाना चाहिए कि कहीं आती-जाती कोई गोली लग न जाए।

यह है आज राजधानी में सड़क, जिस पर यथास्थितिवादी ताकतों का राज है—सामंती तथा पशुबल की विचारधारावाली ताकतों का राज है। जिनके पुलिस, राजनीतिज्ञ तथा उद्योगपति-जैसी ताकतवर संस्थाओं के साथ गहरे रिश्ते हैं। और ये संस्थाएँ इन ताकतों को पालती हैं ताकि वे, उनके लिए सड़कों को 'शांत' बनाए रखें, यानी हिंसा के जरिए, डर के जरिए और दमन के जरिए, विरोध की आवाज़ से सड़कों को मुक्त रखें। उन्हें इसका पता नहीं है कि यह शांति नहीं है बल्कि चुप्पी की चादर है जो लाखों-करोड़ों लोगों की रुग्णता, उदासीनता और तकलीफों को ढके हुए है।

तकलीफों और शोषण की इस दुनिया में नुक्कड़-नाटक उतरता है, अपने उत्तेजक प्रश्नों के साथ, नए विचारों के साथ, झकझोरनेवाले संदेशों के साथ, विरोध की भावना और अपने उत्साह के साथ। इस मैदान में ही, जो अब एक युद्ध-क्षेत्र बन चुका है सफ़दर अपनी रचनात्मक नवोन्मेषी क्षमता तथा उत्साह के साथ कूदा था और ऐसे कूदा था जैसे वह विचारों तथा विषयों के रत्नों की किसी खान में उतर रहा हो। शायद इसीलिए, वह हमेशा इतना व्यस्त होता था। हर रोज उसके सामने कोई न कोई नया प्रश्न होता था और अगले ही रोज वह संबंधित विषय पर कोई कविता या कोई पाठ दुरुस्त करता और संबंधित प्रश्न को निष्कर्ष तक पहुँचाता मिलता था। उसका लगाव सिर्फ नाटक जैसी कलात्मक गतिविधियों तक ही सीमित नहीं था, बल्कि वह न्यायपूर्ण लक्ष्यों के लिए जनता के संघर्षों का एक अविभाज्य हिस्सा था और इसीलिए उसका योगदान बहुमुखी था। अपने काम के जरिए वह संस्कृतिकर्मियों को रास्ता दिखा रहा था कि किस प्रकार, एक शक्तिशाली सांस्कृतिक गतिविधि आम लोगों की मुक्ति में योग दे सकती है और कितना जरूरी है कि उन्हें वह शिक्षा दी जाए जिससे उन्हें सदियों से वंचित रखा गया है।

यह एक ऐसा सवाल है जो आज हरेक कलाकार को खुद से पूछना चाहिए। हम इस सांस्कृतिक चेतना का हिस्सा बनना चाहते हैं, जिसकी कि बहुत जरूरत है या फिर हम इस मैदान को गलत जानकारी तथा हिंसा की राजनीति के कब्जे के लिए खुला छोड़ देना चाहते हैं या फिर संस्कृति के उन राजदूतों के लिए खुला छोड़ देना चाहते हैं जो संस्कृति को जनता के बीच ले जाने के नाम पर वास्तव में उसे जनता से दूर ले जा रहे हैं और संस्कृति के स्थान को भारतीय संस्कृति के एक निर्जीव तथा उच्छिन्न मूल

नुस्खे से भर रहे हैं, जिसमें चंद लोक-नृत्यों, मदारियों के तमाशों और ढोल की ढम-ढम के गड़बड़झाले के सिवा और कुछ नहीं होता है? संस्कृति जो कि चिर विकसनशील, चिर परिवर्तनशील ऊर्जा का नाम है, जो जनगण के विकास के साथ, उनके बीच आए हर बदलाव के साथ विकसित होती चलती है; इसे एक 'शो-पीस' बना देना, सांस्कृतिक गतिविधि में जो कुछ जीवंत है, जो कुछ मूल्यवान है, उस सबकी ही हत्या करना है।

सफ़दर ने इसे समझा था और वह सृजनशीलता, राजनीति तथा जनता के अधिकारों के शिक्षण के संयोग से एक ऐसी जीवंत शक्ति का निर्माण कर रहा था जो एक नए तथा बेहतर भविष्य की ओर धावित ऊर्जा, सृजनशीलता तथा जीवंतता का स्रोत बन सके।

इसलिए सफ़दर की हत्या के कहीं व्यापकतर अर्थ हैं और इस हत्या ने कलाकारों के सामने कहीं बड़े खतरे ला खड़े किए हैं जिनसे उन्हें, अब से, दो-टूक ढंग से तथा स्पष्ट तौर पर अपनी हिफाज़त करनी होगी। यानी अब हमें :

सृजन के अपने अधिकार की रक्षा करनी होगी;
अभिव्यक्ति के अपने अधिकार की रक्षा करनी होगी;
जिंदा रहने के अपने अधिकार की रक्षा करनी होगी।

इन्हीं अधिकारों के लिए लड़ते हुए सफ़दर हाशमी ने अपने प्राण दिए हैं और अब, जब भी हम कोई रचनाकर्म करेंगे या किसी राजनीतिक गतिविधि में हिस्सा लेंगे, हम सफ़दर को और उसकी जिंदगी तथा मौत के अर्थों को याद कर रहे होंगे।

एम. के. रैना
अनुवाद : राजेंद्र शर्मा

सफ़दर का काम हमें करना है

यह तब की बात है, जब 1970 के दशक में मैं बंगलूर से दिल्ली आया था। मेरे एक दोस्त ने मुझे दिल्ली में सफ़दर हाशमी और उसके भाई सुहेल हाशमी का ही पता दिया था। दिल्ली का मेरा शुरुआती संपर्क सूत्र यही था। मैं लोदी रोड के एक स्कूल में पहुँचा। सफ़दर की माँ वहाँ मुख्य अध्यापिका थीं। स्कूल के पीछे ही उनका छोटा-सा फ्लैट था। कुछ ही अर्सा पहले उनके पति (सफ़दर के पिता) की मृत्यु हुई थी। वह नृतत्व शास्त्र (एथोपोलॉजी) के विद्वान और कम्युनिस्ट थे। उन्होंने भी वैसा ही क्रांतिकारी जीवन जिया था, जैसा सफ़दर ने।

जब मैं उनके घर में बैठा हुआ सफ़दर के आने का इंतजार कर रहा था, उसकी माँ ने मुझे अपने पति के बारे में सारी बातें बताईं। मुझे वे बातें याद आती हैं। शायद जब सफ़दर के पिता की मृत्यु होनेवाली थी और उन्हें इसका अहसास हो चला था, तो उन्होंने पत्नी को अपने पास बुलाया और कहा कि मृत्यु के फौरन बाद ही मेरा अंतिम संस्कार कर देना, वर्ना रिश्तेदारों को इसका पता चला, तो वे सब आकर तुम पर सारे मुस्लिम धार्मिक रीति-रिवाजों को पूरा करने के लिए दबाव डालेंगे।

सफ़दर की माँ ने अपने पति के निर्देश उसी साहस के साथ पूरे किए, जसा कि कोई कामरेड ही कामरेड के लिए कर सकता है।

आज जब सफ़दर का शव विट्ठल भाई पटेल भवन में रखा हुआ था और लोग रो रहे थे, तब मैंने उन्हें फिर देखा। वह वहाँ थीं। वह रोते हुए लोगों को चुप करा रही थीं। उन्हें ढाढस बँधा रही थीं। उन्हें देखकर मुझे सिंजेस के प्रख्यात नाटक 'राइडर्स टु दी सी' की माँ की याद आई।

सफ़दर में वे सभी गुण थे, जो किसी संभ्रांत परिवार में, अच्छी देखभाल में पले-बढ़े लड़के में होते हैं। वह प्रतिभाशाली था। बहुत अच्छी शिक्षा उसे मिली थी और वह साहसी भी था। दिल्ली के बावजूद आश्चर्यजनक ढंग से सफ़दर तमाम दूसरे ऐसे लोगों की तरह 'बुर्जुआ एजेंट' के रूप में नहीं बदला। पश्चिम बंगाल सरकार में विशेष अधिकारी के रूप में उसकी तीन साल की नौकरी भी उसे व्यवस्था का पुर्जा नहीं बना सकी। एक दिन उसने अचानक ही ऐलान कर दिया :

''मैंने वह नौकरी छोड़ दी है, क्योंकि जन नाट्य मंच का काम देखनेवाला कोई और नहीं था।''

अभी पिछले महीने ही वह मेरे पास आया था और उसने पूछा था कि क्या मैं उसके लिए एक रंगमंडल के संचालन की जिम्मेदारी ले सकता हूँ। मुझे थोड़ा-सा आश्चर्य हुआ था। सफ़दर ने कहा था—''देखो, हमने नुक्कड़-नाटक बहुत खेले। हम यह काम इससे भी ज्यादा तेज और संगठित ढंग से जारी भी रखेंगे, लेकिन रंगमंच के संदर्भ में मैं इतना कट्टरतावादी नहीं हूँ कि यह कहता फिरूँ कि नुक्कड़-नाटक ही सबकुछ है या यही अकेला क्रांतिकारी नाट्य-रूप है। हमें अब प्रोसीनियम रंगमंच भी करना चाहिए?''

आज जब मैं उसकी शवयात्रा में उसके पीछे-पीछे चल रहा हूँ—लगभग बीस हजार शोक-विह्वल और गुस्से से भरे लोगों में से एक तो मुझे अपने रंगकर्म के वे सात वर्ष अचानक एक बार फिर याद आते हैं, जब मैं भी नुक्कड़-नाटक करता था, जब मैं भी पार्टी का फुल टाइमर था और सफ़दर की तरह ही नाटक को जनता तक ले जाने की कोशिश कर रहा था। लेकिन तब की बात ही कुछ और थी। तब बुरी से बुरी स्थितियों में भी ऐसा बर्बर, क्रूर और हिंसक हमला संभव नहीं था, जिसने सफ़दर की जान ले ली। जब आपातकाल के बाद श्रीमती इंदिरा गाँधी चिकमंगलूर से लोकसभा का चुनाव लड़ रही थीं, हमारे ग्रुप ने उस क्षेत्र में सैकड़ों नुक्कड़-नाटक किए। धमकियाँ हमें तब भी मिलती रहती थीं, लेकिन वे कोरी धमकियाँ होती थीं। इन धमकियों की वजह से कभी हत्या नहीं हुई। सफ़दर की हत्या के बाद सोचना पड़ता है कि यह समाज आखिर किस दिशा में जा रहा है।

लेकिन जो कुछ हो रहा है, हमें उसका प्रतिरोध जारी रखना चाहिए। विरोध का दामन न कभी हिंसा के द्वारा संभव हुआ है, न होगा। सफ़दर का अपना व्यक्तित्व भी ऐसा ही था, जिसमें हिंसा की कहीं कोई जगह नहीं थी। ताज्जुब होता है कि उसने कितनी बड़ी तादाद में अपने दोस्त बना रखे थे।

आज वो सारे दोस्त, जिनमें मैं भी एक हूँ, सफ़दर के पीछे-पीछे चल रहे हैं। वे ज्यादातर मध्य वर्ग के हैं और वैसे ही संस्कारों के भी हैं। उनमें से कुछ बेहतरीन अंग्रेजी बोलनेवाले भी हैं—लेकिन आज वे मजदूरों-कामगारों के बीच चलते हुए उन्हीं के साथ बैठकर हिंदी में नारे लगा रहे हैं। ये वे लोग हैं, जो हिंसा से घृणा करते हैं, जो हिंसा से आजिज आ चुके हैं।

सफ़दर अपना काम पूरा कर चुका। बाकी हमें करना है।

प्रसन्ना

भयानक उत्पीड़न के दौर में

किस चीज से आएगी याद
उन सबकी मारे गए जो!
जख़्म जो भरे नहीं अभी
वे दिलाएँगे उनकी याद।

बर्तोल्त ब्रेष्त

अंग्रेजी से अनुवाद : प्रयाग शुक्ल

नुक्कड़ नाटक का महत्त्व और कार्यप्रणाली

जन नाट्य मंच (जनम) जब भी किसी राज्य या अखिल भारतीय स्तर की कांफ्रेंस में अपने नुक्कड़ नाटकों का मंचन करने जाता है, तो उसे दूसरी दर्जनों जगहों पर आने का निमंत्रण मिलता है। जन नाट्य मंच के लिए इन सभी निमंत्रणों को स्वीकार करना संभव नहीं होता । इसका एक कारण तो व्यावहारिक है। 'जनम' के साथियों के लिए बार-बार छुट्टियाँ लेकर दिल्ली से बाहर जाना संभव नहीं होता। फिर, पूरी टीम को लेकर आने-जाने में होनेवाले खर्च का प्रश्न भी है। परंतु निमंत्रण स्वीकार नहीं करने का एक बड़ा कारण और है। और यह बुनियादी और गंभीर कारण है।

'जनम' की यह समझ है कि एक सशक्त जन नाट्य आंदोलन को देशव्यापी स्तर पर खड़ा करना आज निहायत जरूरी हो गया है। अपनी जीवंतता, सहज संप्रेषणीयता और व्यापक प्रभावशीलता की वजह से नाटक ही ऐसी विधा है जो जनता के व्यापक हिस्से के बीच जनवादी चेतना और स्वस्थ वैकल्पिक संस्कृति को फैलाने में कारगर भूमिका निभा सकती है। जनपक्षीय कला के परंपरागत रूपों के लगातार सूखते और लुप्त होते जाने के इस दौर में शहरों, कस्बों और गाँवों के सांस्कृतिक जीवन में एक गंभीर रिक्तता की स्थिति पैदा हो गई है। टी. वी., सिनेमा और रेडियो द्वारा प्रसारित पतनशील और सड़ी-गली संस्कृति द्वारा इसे भरने की कोशिश की जा रही है। पूँजीवादी तंत्र और राज्य-सत्ता द्वारा फैलाया जा रहा यह जाल आम जनता को अपनी जहरीली गिरफ्त में जकड़ रहा है। लेकिन यह नहीं भूलना चाहिए कि शोषकवर्गीय संस्कृति जनता की गहरी सांस्कृतिक भूख को हरगिज़ नहीं मिटा सकती। संस्कृति के क्षेत्र में उत्पन्न इस शून्य को सिर्फ जनवादी संस्कृति के द्वारा ही भरा जा सकता है और इस महान दायित्व को पूरा करने की क्षमता देश के

मूल रूप में यह लेख सफ़दर हाशमी ने 'जनवादी नौजवान सभा' की पत्रिका 'नौजवान' के लिए लिखा था और उसी में प्रकाशित हुआ था।

इन्कलाबी नौजवानों में है। जनवाद के लिए प्रतिबद्ध और सांप्रदायिकता तथा तानाशाही एवं इनके लिए जिम्मेदार पूँजीवादी भूस्वामी व्यवस्था को उखाड़ फेंकने के लिए समर्पित नौजवान ही इस जिम्मेदारी को ठीक से निभा सकते हैं।

'भारत की जनवादी नौजवान सभा' (डी. वाई. एफ. आई.) के नेतृत्व में हो रहे देशव्यापी संघर्षों और आंदोलनों ने यह सिलसिला शुरू कर दिया है। अब आवश्यकता इस बात की है कि सचेत रूप से ठोस सांस्कृतिक गतिविधियों को भी इस आंदोलन का अंग बनाया जाए।

नुक्कड़ नाटक को उसकी गतिशीलता, लचीलेपन और कम खर्चीले होने के कारण जनपक्षीय कला का आदर्श रूप कहा जा सकता है। इसकी मदद से ठोस सांस्कृतिक गतिविधियों की पहल की जा सकती है। इसलिए यह जरूरी है कि नुक्कड़ नाटक आधारित जन नाट्य आंदोलन को बड़े पैमाने पर प्रचारित करने के काम को प्राथमिकता दी जाए। इस काम के लिए सिर्फ एक 'जन नाट्य मंच' पर्याप्त नहीं है। इसके लिए तो दर्जनों जन नाट्य मंच भी कम पड़ेंगे। ज़रूरत इस बात की है कि जन नाट्य मंच की इकाइयाँ हर शहर, हर कस्बे और हर गाँव में स्थापित की जाएँ। ये नाट्य इकाइयाँ जनता की समस्याओं, उनकी रोज़मर्रा की ज़िंदगी, उनके संघर्षों पर नए-नए नाटक खेलें; ऐसे नाटक जो इन विषयों को मार्मिक और कलात्मक ढंग से पेश करें, साथ ही उनमें समस्याओं को वैज्ञानिक दृष्टि से विश्लेषित किया जाए। इससे जनता को इन विषयों की जड़ तक पहुँचकर समझने में मदद मिलेगी। उन्हें उन मान्यताओं, धारणाओं, संस्कारों और अंधविश्वासों से भी आगाह करें जो उनके जीवन को बदलने के संघर्ष में उन्हें शामिल होने से रोकते हैं।

प्रश्न यह है कि नाट्य मंडलियाँ कैसे बनाई जाएँ? उनके लिए कलाकार कहाँ से आएँगे? नाटक कैसे मिलेंगे? नाट्य मंचन के लिए साधन कैसे जुटेंगे? और इन नाट्य इकाइयों का सांगठनिक स्वरूप क्या होगा? ऐसे कई प्रश्न हैं जो अत्यंत गंभीर हैं, इन पर विचार भी गंभीरता से किया जाना चाहिए। जन नाट्य मंच के पिछले छः साल के अनुभव और देश के कुछ अन्य राज्यों में सक्रिय नाट्य मंडलियों के बारे में प्राप्त जानकारी के आधार पर मैं ऊपर उठाए सवालों पर अपने विचार रख रहा हूँ। निश्चय ही इस दिशा में सक्रिय होनेवाले कलाकारों के लिए ये लाभप्रद होंगे।

1. इकाइयाँ कैसे बनाई जाएँ : आपके संपर्क में आनेवाले नौजवानों में से कुछ ऐसे भी नौजवान होंगे, जिनकी रुचि नाटकों में होगी और जिनमें नाटक खेलने की प्रतिभा भी होगी। आप अपने इन्हीं साथियों को

नुक्कड़ नाटक करने के लिए प्रेरित करें। जनता के बीच सार्वजनिक स्थलों पर नाटक खेलने में, आरंभ में, उनमें झिझक होगी। उनकी झिझक को नुक्कड़ नाटक के विश्वव्यापी इतिहास, उसके वर्तमान गौरव और प्रतिष्ठा का हवाला देकर दूर करने की कोशिश कीजिए। साथ-ही-साथ स्वस्थ संस्कृति के प्रचार और जनवादी चेतना के विकास में नुक्कड़ नाटक की महत्त्वपूर्ण भूमिका पर बार-बार बहस कीजिए। एक बार जब इकाई सक्रिय हो जाए तो इसे मजदूरों, किसानों, छात्रों, नौजवानों, मध्यवित्त कर्मचारियों के संगठनों और आंदोलनों के नजदीक ले जाइए। उनकी सार्वजनिक गतिविधियों के दौरान अपने नाटक खेलिए। उनसे राय लीजिए और उनके अनुभवों से अपने को संपन्न बनाइए।

नाट्य मंडली के सदस्यों की समाज के प्रति निष्ठा को सुदृढ़ करने और विकसित करने के लिए नियमित रूप से इकाई-सदस्यों को सामाजिक, राजनीतिक, दार्शनिक, आर्थिक मुद्दों पर पढ़ने, लिखने और बहस करने के लिए प्रोत्साहित कीजिए। कला और संस्कृति के प्रश्नों पर उनमें लगातार बातचीत और विचार-विमर्श का माहौल पैदा कीजिए। रोज़ मिलने और रिहर्सल करने की किसी उचित जगह का प्रबंध न होने की स्थिति में किसी पार्क, मैदान या चौपाल का इस्तेमाल कीजिए। तमाशबीनों से घिरा यह सार्वजनिक दैनिक अभ्यास बहुत जल्द ही एक अनूठे राजनीतिक और सांस्कृतिक मंच की शक्ल ले लेगा, जिसका कि अपना महत्त्व है। इस पूरी प्रक्रिया में एक बात पर लगातार ज़ोर देना होगा कि नाट्यमंडली और जनवादी आंदोलनों के रिश्ते मजबूत और गहरे होते चले जाएँ, क्योंकि इस रिश्ते की मजबूती ही सांस्कृतिक इकाइयों को तरह-तरह के भटकावों से लड़ने की ताकत और प्रेरणा देगी। अगर इस रिश्ते को मजबूत नहीं किया गया या इस ओर लापरवाही बरती गई तो इसके परिणाम दुखद ही होंगे।

2. नाटक कहाँ से आएँ : यों तो अब कई अच्छे नुक्कड़ नाटक पुस्तकों और पत्रिकाओं की शक्ल में उपलब्ध हैं ('उत्तरार्ध' का 'जनवादी नाटक विशेषांक' इस दृष्टि से उल्लेखनीय है। इस अंक में कुल 36 नुक्कड़ नाटक हैं और कीमत सिर्फ 8 रुपए है।) और, नियमित रूप से नए-नए नुक्कड़ नाटक उत्तरगाथा, कलम, कथन जैसी पत्रिकाओं में छपते रहते हैं। अन्य नाट्य मंडलियों से संपर्क करके उनके नाटक भी मँगाए जा सकते हैं। इसके अलावा हमारा अनुभव बताता है कि अलग-अलग क्षेत्रों में कार्यरत नाट्य-मंडलियों को अंततः अपने नाटक खुद ही रचने पडते हैं। मंडली के सदस्य किसी भी विषय पर अच्छी तरह

बहस करके, जनवादी संगठनों और आंदोलनों के नेतृत्व से विचार-विमर्श करके एक सुदृढ़ और गहरी समझ बनाने के बाद अपनी सामूहिक रचना-शक्ति से ही अच्छे-अच्छे नाटक तैयार कर सकते हैं। 'जनम' के 'मशीन', 'हत्यारे', 'औरत', 'राजा का बाजा', 'पुलिस चरित्रम्' और 'काला कानून' जैसे नाटक इसी प्रक्रिया में रचे गए थे।

अपने नाटक खुद तैयार करने के लिए मंडली-सदस्यों को प्रेरित करें। हो सकता है शुरू-शुरू के प्रयास बहुत अच्छे न हों; पर धीरे-धीरे अच्छे नाटकों की रचना भी शुरू हो जाएगी। इस संबंध में हम अपने सामूहिक लेखन और निर्देशन के अनुभव की ओर ध्यान दिलाना चाहेंगे। यह पद्धति न सिर्फ बहुत कामयाब रही है, बल्कि इससे पूरे समूह के विकास में काफी मदद मिली। परंतु यह भी ध्यान रहे कि इस पद्धति को नीति की तरह नहीं स्वीकारना चाहिए। व्यक्तिगत प्रतिभा और पहल को पूरी तरह प्रोत्साहित करना चाहिए। नाटक रचना की प्रतिभा को विकसित करने के लिए मंडली-सदस्यों को नियमित रूप से विश्व के श्रेष्ठ नाट्य-साहित्य, नाट्य-सिद्धांत और नाट्य-आलोचना के सामूहिक अध्ययन की आदत डालनी चाहिए और व्यक्तिगत तौर पर भी सभी कलाकारों को अपने अध्ययन का दायरा बढ़ाना चाहिए।

3. साधन कहाँ से आएँगे : नुक्कड़ नाटकों में पैसे की जरूरत ना के बराबर होती है। मंच, लाइट्स, वेशभूषा, मेकअप और सैट आदि का इस्तेमाल न होने के कारण इसे बहुत ही सामान्य खर्चे के साथ किया जा सकता है। दर्शक अगर आपकी कला, आपके कथ्य और आपकी ईमानदारी से प्रभावित होगा तो वह खुद ही आपकी मदद करना चाहेगा। नाटक दिखाने के बाद दर्शकों से चंदा माँगने में कोई झिझक नहीं होनी चाहिए। चंदा देकर दर्शक वास्तव में खुश होता है और आपके साथ अपनी एकजुटता का इज़हार करता है। फिर किसी यूनियन या जन संगठन के बुलावे पर नाटक करने जाएँ तो उनसे किराये के खर्चे के अलावा मंडली के लिए चंदे का भी इसरार करें। नियमित रूप से मंचन करनेवाली नाट्य मंडली के लिए पैसे की कमी कभी हो ही नहीं सकती। रिहर्सल और अन्य जरूरी खर्चों को उठाने के अलावा उसके पास आसानी से इतने पैसे बच जाते हैं कि वह धीरे-धीरे एक अच्छी लायब्रेरी भी तैयार कर सकें।

4. संगठन का स्वरूप क्या हो : नाट्य मंडली को किसी एक ही जन-संगठन के साथ नहीं बाँध देना चाहिए, बल्कि उसे अन्य जन-संगठनों के साथ भी लगातार काम करना चाहिए। यह भी जरूरी है कि नाट्य मंडली अपनी कार्य-प्रणाली का कोई जनवादी ढंग विकसित

करे और स्वतंत्र कार्य करे। सांस्कृतिक गतिविधियों का कार्यक्षेत्र कहीं ज्यादा व्यापक होता है। वह समाज के किसी एक हिस्से तक ही सीमित नहीं रहती, बल्कि जनवादी आंदोलन से जुड़े समाज के हर हिस्से को प्रभावित करती है। साथ ही जनवादी आंदोलन के बाहर भी उसकी पहुँच होती है। इसलिए ऐसी किसी इकाई पर लगातार किसी एक जन-संगठन का अनुशासन बनाए रखना वैज्ञानिक दृष्टि से गलत होगा। इसके विपरीत ऐसी नाट्य मंडली सर्वहारा वर्ग की राजनीति के सिद्धांतों के नेतृत्व में काम करेगी, सर्वहारा वर्ग की पार्टी का नेतृत्व स्वीकार करेगी।

आज की जरूरत यह है कि देश के गाँव-गाँव, कस्बे-कस्बे में ऐसी मंडलियाँ सक्रिय हों। उनके काम में पुख्तगी हो, जीवंतता हो, उनका कलात्मक स्तर ऊँचा हो और राजनीतिक समझ साफ हो। ऐसी मंडलियों के कलाकार को यह बात समझनी होगी कि हर महत्त्वपूर्ण और गंभीर काम की तरह नुक्कड़ नाटक की ज़िम्मेदारी को भी गंभीरता से उठाना होगा। नाटक उनका कार्यक्षेत्र है इसलिए नाट्यकला में उन्हें महारत हासिल करनी चाहिए। गाने, बजाने, नाचने, अभिनय करने; अपनी आवाज, अपने शरीर, अपने चेहरे, अपने सोचने के अंदाज, अपनी संवेदनाओं और अनुभूतियों को नाट्य-कला के अनुरूप ढालना होगा। खुद को लगातार प्रशिक्षित करना होगा, सीखने की प्रक्रिया को हमेशा जारी रखना होगा। हमारी विचारधारा, समाज के विकास के बारे में सबसे विकसित, सबसे श्रेष्ठ है। उस विचारधारा, उस समझ की वाहिनी—हमारी कला को भी सबसे विकसित, सबसे श्रेष्ठ होना होगा जिसके लिए अनथक प्रयास, परिश्रम, अनुशासन और संघर्ष की जरूरत है। फूहड़ और बेढंगे नाटक करने की छूट हम अपने आपको नहीं दे सकते।

नाटक खेलने का अधिकार

दिल्ली परिवहन निगम द्वारा बस किराए में भारी बढ़ोतरी के खिलाफ जनता का गुस्सा कई रूपों में प्रकट हुआ। डी. टी. सी. की बसों के आगे धरना देना और बसों की हवा निकाल देना सबसे लोकप्रिय रूप थे, जिनसे लोगों ने अपना गुस्सा प्रकट किया।

जनता के गुस्से के इजहार के खिलाफ पुलिस ने वही तरीका अपनाया, जिससे उनकी पहचान बनी है। शांतिपूर्वक धरना देनेवालों पर लाठी-चार्ज, औरतों को बाल पकड़कर घसीटना, 1500 से अधिक लोगों की गिरफ्तारी और उन पर गंभीर आपराधिक अभियोग।

जनता के गुस्से की अभिव्यक्ति का एक और रूप था : जन नाट्य मंच (जनम) द्वारा 'डी. टी. सी. की धाँधली' नामक नुक्कड़ नाटक का प्रदर्शन। 'जनम' ने जनता के सामने इस नाटक का पहला प्रदर्शन 8 फरवरी को किया। इसी दिन बस किराए लागू किए गए थे। नाटक का पहला प्रदर्शन कनाट प्लेस में किया गया। भारी भीड़ ने 15 मिनट के इस नाटक को पूरे ध्यान से देखा। नाटक के अंत में अभिनेताओं के साथ-साथ दर्शकों ने भी डी. टी. सी. के विरुद्ध नारे लगाए। पुलिस ने नाटक में बाधा डालने की कोशिश की, लेकिन दर्शकों ने उन्हें हूट करके भगा दिया।

उसी दिन चार बजे अपराह्न में शिवा जी स्टेडियम के बस स्टाप पर नाटक खेलने के लिए 'जनम' के कलाकार पहुँचे। नाटक शुरू होने से ठीक पहले पुलिस का एक दल वहाँ पहुँचा। इस बार वे नाटक रोकने के पक्के इरादे के साथ आए थे। लेकिन जनता के सहयोग और समर्थन से कलाकारों ने पुलिस को वहाँ से हटने के लिए विवश कर दिया। 'जनम' ने पाँच सौ से अधिक दर्शकों की उपस्थिति में नाटक खेला। जैसे ही

1986 में दिल्ली में, दिल्ली परिवहन निगम द्वारा बस किराए में की गई बढ़ोतरी के खिलाफ 'जन नाट्य मंच' ने 'डी. टी. सी. की धाँधली' नाम से नुक्कड़ नाटक खेला था। इस नाटक पर पुलिस-दमन के परिप्रेक्ष्य में सफ़दर ने यह टिप्पणी लिखी थी, जो 16 फरवरी, 1986 को 'इकनॉमिक टाइम्स' में प्रकाशित हुई थी।

नाटक खत्म हुआ, भारी तादाद में पुलिस वहाँ पहुँची। पुलिस दल राइफलों, लाठियों और आँसू गैस के उपकरणों से लैस था। उन्होंने बिना पूर्व चेतावनी दिए कलाकारों और दर्शकों पर लाठी चलाना शुरू कर दिया। पुलिस दल का नेतृत्व कर रहे एस. एच. ओ. ने कलाकारों को गिरफ्तार करने का भी आदेश दिया। दो अभिनेताओं को जबरदस्ती घसीटकर पुलिस की गाड़ी में बैठा दिया गया। उन्हें मंदिर मार्ग पुलिस थाने में लाकर बंद कर दिया गया। कुछ कलाकारों को लाठी की चोटें भी आईं।

पुलिस स्टेशन पर दोनों कलाकारों के साथ पुलिस ने वैसा ही व्यवहार किया, जैसे व्यवहार के लिए वह कुख्यात है। जब कलाकारों ने टेलीफोन करने की इजाजत चाही तो उन्हें भद्दी गालियाँ दी गईं, जो सिर्फ पुलिस के मुँह से ही शोभा देती हैं।

उन्हें चार घंटे तक पुलिस स्टेशन पर रोके रखा गया। छोड़ने से पहले उन्हें धमकाया गया कि अगर फिर उन्होंने नाटक खेलने का साहस किया तो उन पर यातायात में बाधा पहुँचाने, शांति भंग करने और सरकारी कर्मचारी पर हमला करने का अभियोग लगाया जाएगा, यद्यपि उन पर ऐसे अभियोग नहीं लगे।

दिल्ली के कलाकारों ने इस घटना पर तत्काल प्रतिक्रिया व्यक्त की। कलाकारों ने एक वक्तव्य जारी किया, जिसमें पुलिस द्वारा नाटक में बाधा पहुँचाने और अभिनेताओं को नजरबंद रखने की भर्त्सना की गई थी। कलाकारों ने इस घटना को "जनता के सामने कलाकारों द्वारा अपनी कला के प्रदर्शन के जनवादी अधिकार पर हमले" की संज्ञा दी और घोषणा की कि "वे कलाकारों के क्रूर दमन की ऐसी कार्रवाइयों को कदापि सहन नहीं करेंगे।" इस वक्तव्य पर हस्ताक्षर करनेवालों में थे—भीष्म साहनी, विष्णु प्रभाकर, हंसराज रहबर, एस. के. रैना, दादा पदम जी, मनजीत बावा, विवान सुंदरम्, रामेश्वर ब्रुटा आदि। सईद मिर्ज़ा और कुंदन शाह ने भी इस वक्तव्य पर हस्ताक्षर किए। ये दोनों फिल्मकार उन दिनों राजधानी में थे।

दूसरे दिन, अभिनेताओं की गिरफ्तारी और उसकी भर्त्सना की खबर को समाचार पत्रों ने प्रमुखता से प्रकाशित किया। 'जनम' के कलाकारों ने हालाँकि दूसरे दिन करोल बाग में नाटक खेला, लेकिन वहाँ भी पुलिस ने नाटक को रोकने की कोशिश की और यह क्रम पूरे सप्ताह चलता रहा।

देश के विभिन्न भागों में रंगकर्मियों पर पुलिस ज्यादतियों में, इधर के वर्षों में काफी तेजी आई है। देश के किसी-न-किसी हिस्से में प्रायः हर

सप्ताह, नुक्कड़ नाटक मंडलियों से संबद्ध लोग गिरफ्तार किए जाते हैं। ऐसे ही एक मामले (1981 में पूर्वी उत्तर प्रदेश में) में नाटक मंडली के सदस्य जैसे ही एक कस्बे के बस स्टॉप पर उतरे, पुलिस ने उन्हें गिरफ्तार कर लिया और रात-भर थाने में बंद रखा। वहाँ एक महिला कलाकार के साथ पुलिसवालों ने बलात्कार किया। बिहार में तो नुक्कड़ नाटक से जुड़े कलाकारों को नजरबंद करना, यातना देना और उन्हें अपराधी ठहराकर जेल में डाल देना आम बात है।

जनता की भावनाओं को अभिव्यक्ति देनेवाले लोकप्रिय माध्यम के रूप में, इधर के वर्षों में नुक्कड़ नाटकों का उदय हुआ है। बहुत-से राज्यों में यह किसानों, मजदूरों और छात्रों के संगठित हिस्सों की आवाज को व्यक्त करनेवाला माध्यम बना है। गतिशीलता, प्रभाव और पददलितों के प्रति अपनी प्रतिबद्धता के कारण नुक्कड़ नाटकों को व्यवस्था और कानून के रक्षक संदेह और शत्रुतापूर्ण नज़रों से देखते हैं। इसी कारण पुलिस इनको कानून और व्यवस्था की समस्या मानकर इनके दमन का रास्ता अख्तियार करती है। वह नुक्कड़ नाटकों से वैसे ही निपटती है, जैसे किसी प्रदर्शन या भीड़ से निपटते हैं। सार्वजनिक स्थल पर नाटक के प्रदर्शन को रोकनेवाला कोई कानून नहीं है, इसलिए पुलिस अंग्रेजी राज के जमाने के दकियानूस कानूनों का सहारा लेती है।

नुक्कड़ नाटकों पर बढ़ते हमलों को जनता के जनवादी अधिकारों के बढ़ते दमन से अलग करके नहीं देखा जा सकता। आज जबकि जनतांत्रिक प्रक्रियाओं को धता बताया जा रहा है तब कलाकारों की अभिव्यक्ति के अधिकार का प्रश्न भी उनसे जुड़ जाता है।

जो कलाकार जनकला से प्रतिबद्ध हैं और अपनी रचना को विशाल जन समुदाय तक पहुँचाना चाहते हैं, स्वाभाविक रूप से वे नुक्कड़ नाटक की ओर आकृष्ट होते हैं। रंगशालाओं की कम संख्या और खर्चीलेपन के कारण रंगमंचीय नाटक शहरी आबादी के बहुत छोटे से हिस्से को ही अपनी ओर आकृष्ट करने में समर्थ होता है। एक अभिनेता, निर्देशक, नाटककार या गायक नुक्कड़ नाटक का चयन इसलिए करता है क्योंकि वह इसके द्वारा सीधे अपने दर्शकों तक पहुँच जाता है और उसके प्रभाव का क्षेत्र भी व्यापक हो जाता है। वह ऐसे सार्वजनिक स्थलों पर नाटक खेलता है जहाँ लोग बड़ी संख्या में एकत्र होते हैं।

सार्वजनिक पार्क, बाज़ार, बस स्टॉप, गली-मोहल्ले और औद्योगिक इलाके—वे क्षेत्र हैं जिन्हें इन नुक्कड़ नाटकों की रंगशालाएँ कहा जा सकता है। अब यदि पुलिस कानून और व्यवस्था के नाम पर इन क्षेत्रों में नुक्कड़ नाटकों को खेले जाने से रोके तो ये रंगकर्मी कहाँ जाएँ? पुलिस

का व्यवहार नुक्कड़ रंगकर्मियों के लिए अप्रत्यक्ष चेतावनी है कि वे अपनी इस तरह की गतिविधियाँ छोड़ दें। यह जनता के सम्मुख अपनी कला के प्रदर्शन के कलाकार के अधिकार का खुल्लमखुल्ला दमन है।

पुलिस नकली दवाइयाँ बेचनेवाले नीमहकीमों को नहीं रोकती, वह मदारियों और तमाशबीनों को नहीं रोकती। यही नहीं, इनकी दैनिक आमदनी में से अपना हिस्सा भी झटक लेती है। नुक्कड़ नाटकवालों को पुलिस इसलिए नहीं रोकती कि उससे यातायात में बाधा पहुँचती है, क्योंकि सच्चाई यह है कि अब तक एक भी ऐसा मामला नहीं हुआ। पुलिस रंगकर्मियों को इसलिए रोकती है, क्योंकि नुक्कड़ नाटक अपनी प्रकृति में राजनीतिक होते हैं। उनका दमन इसलिए किया जाता है क्योंकि वे सामयिक समस्याओं को उठाते हैं और अपने दर्शकों के सामने उनका वैज्ञानिक विश्लेषण पेश करते हैं। नुक्कड़ नाटकों का दमन करते हुए पुलिस राज्य-सत्ता का ही हित साध रही होती है, क्योंकि राज्य-सत्ता असहमति और विरोध के प्रति लगातार अधिकाधिक असहिष्णु होती जा रही है।

यह सही है कि पुलिस का व्यवहार अधिकाधिक असहिष्णु होता जा रहा है, लेकिन यह भी उतना ही सच है कि नुक्कड़ रंगकर्मियों की रक्षा में कलाकार और आम लोग लगातार जागरूक हो रहे हैं। इनमें वे कलाकार भी शामिल हैं जो नुक्कड़ नाटकों से सीधे तौर पर नहीं जुड़े हैं। आखिरकार तो आम जनता ही नुक्कड़ नाटकों को बचाएगी, लेकिन अभी और अधिक सक्रिय होकर जनता के सम्मुख अपनी कला के प्रदर्शन के अधिकार की रक्षा करनी होगी। जन नाट्य मंच के दो अभिनेताओं की पुलिस द्वारा गिरफ्तारी के विरोध में दिल्ली के कलाकारों की तीव्र प्रतिक्रिया यह सोचने का अवसर देती है कि इस समस्या का कोई अंतिम हल निकालना होगा।

अनुवाद : जवरीमल्ल पारख

नुक्कड़ नाट्य के आरंभिक दस वर्ष

[अक्तूबर 1978–अक्तूबर 1988]

अक्तूबर 15 को हमने नुक्कड़ नाटक में अपने लगातार कार्य के दस वर्ष पूरे किए। यह जयंती हमारे लिए इस दौरान की अपनी उपलब्धियों और विफलताओं पर आत्मविश्लेषणात्मक ढंग से सोचने, देश के विभिन्न भागों में नुक्कड़ नाटक के विकास का जायजा लेने और उसके भविष्य के प्रश्नों पर विचार करने का एक मौका था। यह भारतीय सांस्कृतिक जीवन में नुक्कड़ नाटकों की स्थिति तथा मुख्य धारा के मंच से उसके संबंधों का मूल्यांकन करने का भी अवसर था।

इनमें से कुछ मुद्दों और प्रश्नों पर हम मुख्य धारा के मंच से जुड़े अपने सहकर्मियों और दूसरे संस्कृतिकर्मियों के साथ अपने विचारों का आदान-प्रदान करना चाहते हैं। हम इस कार्य को अनिवार्य समझते हैं, क्योंकि नुक्कड़ नाटक और रंगपीठ के नाटकों के बीच लगभग संवादहीनता की स्थिति रही है तथा नुक्कड़ नाटकों के बारे में दृष्टिकोणों की व्यापक भिन्नता बनी हुई है।

जिस रूप में आज हम नुक्कड़ नाटकों को जानते हैं, उसका सीधा संबंध 1917 की सोवियत क्रांति के तत्काल बाद के वर्षों से ही जुड़ता है।

अक्तूबर क्रांति की पहली जयंती पर व्सेवोलोद मायेर्होल्द ने टेंट-शो के तत्वों और क्रांतिकारी कविता को मिलाकर मायकोव्स्की के 'मिस्ट्री बूफे' को नाट्य रूप दिया और उसे कई हज़ार दर्शकों के सामने शहर के

सफ़दर हाशमी द्वारा लिखित यह आलेख नई दिल्ली में 29 अक्तूबर, 1988 को 'नुक्कड़ नाट्य पर गोलमेज वार्ता' में जन नाट्य मंच की ओर से प्रस्तुत किया गया था। इसका प्रारंभिक रूप सफ़दर के एक लेख 'नुक्कड़ नाट्य की परंपरा' अंग्रेजी में 'द इकनॉमिक टाइम्स' के रविवारीय अंक में 6 अप्रैल, 1986 को छपा था। उसकी मूल स्थापनाएँ भी इस लेख में शामिल हैं।

बीच में प्रस्तुत किया। मजदूरों के राज्य में वर्षों तक इस तरह की नाट्य -प्रस्तुतियाँ बनी रहीं। यह गलियों-चौराहों, फैक्ट्री-गेटों, बाज़ारों, बंदरगाहों, खेल के मैदानों और खलिहानों जैसी दूसरी जगहों पर खेले जानेवाले नए ढंग के आंदोलन-प्रचारपरक नाटकों का आरंभिक दौर था। निश्चित रूप से राजनीतिक चरित्रवाला यह नाटक अपने दर्शकों तक उनके काम करने या रहने की जगहों पर पहुँचता था। यह लोगों की जनतांत्रिक भावना का स्वत:प्रेरित साधन और रोज़मर्रा की घटनाओं की व्याख्या का एक साधन बन गया। इस दौर में प्रमुख क्रांतिकारी जयंतियाँ मनाने के लिए नगरों के चौराहों पर जन नाट्य के सामूहिक कार्यक्रम भी मंचित किए गए।

युद्ध के कठिन वर्षों में सोवियत रंगमंच ने मोर्चे पर—ऐन खाइयों में लारियों पर, जंगलों में, ध्वस्त इमारतों के भीतर, युद्धपोतों पर, अस्तबलों में और ऐसी ही तमाम जगहों पर दिमाग को झकझोर देनेवाली पाँच लाख प्रस्तुतियाँ की थीं।

नुक्कड़ नाटकों ने भिन्न ऐतिहासिक परिस्थितियों में दुनिया-भर में प्रायः वही रास्ता अपनाया। तीसरे दशक के मध्य में चीन में आधुनिक रंगमंच के कुछ वर्षों के भीतर उसका नुक्कड़-प्रतिरूप भी नवगठित कम्युनिस्ट पार्टी के पीछे एकताबद्ध होते मज़दूरों और किसानों की सभाओं के आगे प्रस्तुत हो गया। पीपुल्स आर्मी (जन-सेना) के साथ-साथ अनेक चलती-फिरती, मुक्तांगन नाट्य मंडलियाँ लोगों को कम्युनिस्टों के पीछे लामबंद होने के लिए उत्प्रेरित करती हुई चलती थीं। भारत में नुक्कड़ नाटकों का आविर्भाव उपनिवेशवाद-विरोधी संघर्ष में जनगण को खींच लाने के इप्टा के अभियान के माध्यम के रूप में हुआ। आजादी के फौरन बाद वह उन जनवादी शक्तियों के साथ जुड़ गया जो जनता के आर्थिक और सामाजिक उत्पीड़न के विरुद्ध संघर्ष जारी रख रही थीं।

अनेक देशों में उनके इतिहास की नाजुक घड़ियों में नुक्कड़ नाटकों का जन्म हुआ है—जैसे स्पेन में गृहयुद्ध के दौरान; वियतनाम में जापानी, फ्रांसीसी और अमरीकी हमलावरों के विरुद्ध 45 वर्षों के लंबे युद्ध के दौरान; क्यूबा में क्रांति के तत्काल बाद और पूरे लैटिन अमरीका व अफ्रीका में राष्ट्रीय मुक्ति संग्राम के दौरान। अमरीका में वह मैक्सिकी खेत-मज़दूरों और हब्शियों (नीग्रो) के बीच संघर्ष और संगठन के साधन के रूप में लोकप्रिय हुआ। फ्रांस में वह उथल-पुथल भरे सातवें दशक के अंतिम चरण में प्रकट हुआ। आज यह स्पेन, युनाइटेड किंगडम (ब्रिटेन),

पश्चिम जर्मनी, हॉलैंड, स्वीडेन, सोवियत संघ, क्यूबा, अमरीका, फिलीपींस, आस्ट्रेलिया, न्यूज़ीलैंड, पाकिस्तान, नेपाल बंग्लादेश और बहुत-से दूसरे देशों में खेला जाता है । लेकिन भारत के अलावा इतने बड़े पैमाने पर इसका प्रसार अन्यत्र नहीं है ।

अगर नुक्कड़ नाटक की परंपरा निर्धारित करनी हो तो शताब्दियों से दुनिया-भर में खेले जा रहे मंचीय और अर्द्ध-मंचीय नाट्य रूपों के बीच अनेक प्रत्यक्ष संबंध स्थापित किए जा सकते हैं । उदाहरण के लिए प्राचीन मद्यपानोत्सवों में या मध्यकालीन यूरोप की शोभायात्राओं में रंगकर्म और एक तरह के सामाजिक आलोचना के तत्व स्पष्ट रूप से मौजूद थे । अपने आनुष्ठानिक चरित्र के बावजूद, आमतौर पर उनमें अश्लीलता के तत्व शामिल रहते थे, जो देवताओं और उनके इंसान आकाओं की पोल खोलने की आम इच्छा से ताकत हासिल करते थे । नवजागरण काल के नीम हकीम प्रदर्शनों (जैसे कि आज के भारत में 'मदन तमाशा') में भी सामाजिक प्रहसन के तत्व विद्यमान थे । उनकी वजह से उन्हें काफी ज्यादा लोकप्रियता हासिल थी । भारत में अधिकांश लोकनाट्यों में सामयिक संकेत और हास्य वृत्तांत होते थे, जो धार्मिक तथा धर्मनिरपेक्ष प्रतिष्ठानों की छीछालेदर करके हास्य पैदा करते थे । हमारे लोकनाट्यों में जिन दो चरित्रों का अक्सर मजाक उड़ाया गया है वे हैं—पंडित और कोतवाल ।

समकालीन भारतीय नुक्कड़ नाटक हमारे प्राचीन नाटकों और लोकनाट्यों के साथ ही पश्चिमी थिएटर से समान रूप से प्रभाव ग्रहण करता रहा है । राजनीतिक पैंफलेट, दीवारी इश्तहार, आंदोलनपरक भाषण और राजनीतिक प्रदर्शन आदि नुक्कड़ नाटकों के विविध रूपों के निर्माण में सहायक हुए हैं ।

उन्नीसवीं शताब्दी में जब मजदूर यूनियनें संगठित होने लगीं, तब नुक्कड़ नाटक अनिवार्य हो उठे । उन्नीसवीं शताब्दी के अंतिम और बीसवीं के आरंभिक दशकों में राजनीतिक प्रदर्शनों के उभार से इसका उद्भव महत्त्वपूर्ण हो उठा । अपने वर्तमान रूप में यह पूँजीवादी तथा सामंती शोषण के अधीन रहनेवाले श्रमजीवी वर्ग की विशिष्ट आवश्यकताओं से उत्पन्न हुआ कलारूप है और यह बीसवीं सदी की उपज है ।

मूल रूप से यह विरोध का एक संघर्षशील राजनीतिक थिएटर है । इसका काम है जनसाधारण को आंदोलित करके उन्हें संघर्षरत संगठनों के पीछे लामबंद करना ।

पर भारत में नुक्कड़ नाटक का विकास, खासकर पिछले दस-बारह

वर्षों में एक भिन्न और महत्त्वाकांक्षी रूप में हुआ है। वर्तमान पीढ़ी के नुक्कड़ रंगकर्मी, अपने पाँचवें और छठे दशक के पूर्ववर्तियों के विपरीत, इसके विशिष्ट आकारगत स्वरूप के बारे में कहीं ज्यादा सजग हैं। अपने रंगकर्म की सैद्धांतिक प्रकृति और राजनीतिक शक्तियों के साथ इसकी खुली पक्षधरता को बिना झिझक स्वीकार करके वे अब सिर्फ इश्तहार नाटक नहीं प्रस्तुत कर रहे हैं।

हमारे विचार से इस नए विकास के दो कारण हैं। पहला, एक-दो को छोड़कर हमारे शहरों में थिएटर देखने जाने की कोई परंपरा नहीं है। हमारी शहरी जनसंख्या के अधिकांश हिस्से कभी थिएटर देखने नहीं गए हैं। हमारा थिएटर उनमें से सबसे श्रेष्ठ दर्शकों के एक चुनिंदा समूह तक अधिकांशतः सीमित है और खुद रंगपीठ थिएटर भी आम तथा श्रमिक जनता को संबोधित नहीं करता रहा है। अगर हमारा शहरी रंगमंच हमारी प्रमुख सांस्कृतिक शक्ति होता—अगर वह जनता के संघर्षों और आकांक्षाओं को प्रतिबिंबित करनेवाला एक कला-रूप होता, तो शायद हमारा नुक्कड़ नाटक भी सिर्फ एक क्रियात्मक प्रचार-साधन बनकर रह जाता, जो ज्वलंत समस्याओं की तरफ ध्यान आकर्षित करने के लिए बीच-बीच में सक्रिय होता। पर चूँकि हमारे रंगमंच की मुख्य धारा, कमोबेश, हमारी अधिकांश जनता के संसर्ग में नहीं है और उनके साथ तादात्म्य स्थापित नहीं कर पा रही है, इसलिए पूरी तौर पर विकसित ऐसे जन-रंगमंच की जरूरत बनी हुई है, जो आम जनता को उपलब्ध हो। नुक्कड़ रंगकर्मियों को अब इश्तहार नाटकों की कलात्मक अपर्याप्तता का सीधा अनुभव हो चुका है। ऐसे नाटक एक उद्देश्य की पूर्ति तो करते हैं, पर वे न तो एक ज्यादा पूर्ण रंगमंच की जनता की आवश्यकताओं की पूर्ति कर पाते हैं और न ही अधिक चुनौतीपूर्ण और प्रेरणादायक सामग्री के लिए अभिनेताओं और निर्देशकों की ललक को ही संतुष्ट कर पाते हैं। चूँकि मंचीय नाटकों के व्यापक विस्तार की परिस्थितियाँ लगातार प्रतिकूल चल रही हैं, वे खुद नुक्कड़ रंगमंच के विकास के लिए गंभीरता से प्रयत्नशील रहे हैं। दूसरे, नुक्कड़ रंगमंच के साथ अपने लंबे संसर्ग ने उनके सामने धीरे-धीरे नुक्कड़ रंगमंच के एक-एक पूर्ण कला रूप में विकसित होने की अप्रत्याशित संभावनाओं के द्वार खोल दिए हैं। वृत्ताकार अभिनय-स्थल, प्रस्तुति की शर्तें, अभिनेता और दर्शक का सामीप्य—ये सभी एक नई अभिनय शैली, नई नाटकीय संरचना, नए लेखन-कौशल, एक नए ढंग के प्रशिक्षण, संगीत, काव्य और समूह-गान के एक नए इस्तेमाल और मंच-प्रबंधन के एक-एक नए तरीके की माँग करते हैं। यहाँ तक कि नुक्कड़ रंगमंच में अभिनेता-प्रेक्षक का रिश्ता भी

नया और अनूठा हाता है और अभिनेता से एक नए रवैए की माँग करता है। इस नई परिस्थिति और इसके दबाव के फलस्वरूप नुक्कड़ रंगमंच की भाषा, संरचना, व्याकरण और सौंदर्यशास्त्र पर कुछ गंभीर काम हुआ है।

नुक्कड़ रंगमंच यद्यपि अभी अपने शैशवकाल में है और खुद को अन्वेषित करने के लिए संघर्ष कर रहा है, पर इसे इसके अभूतपूर्व विस्तार की पृष्ठभूमि में देखना चाहिए। गत दस-बारह वर्षों में यह भारत के प्रायः हर कोने में फैल गया है। आज सैकड़ों शौकिया नुक्कड़ नाट्य दल सामने आ चुके हैं, जो खुद अपने नाटक लिख रहे हैं या दूसरे क्षेत्रों और भाषाओं की रचनाओं का खुलकर रूपांतर और अनुवाद कर रहे हैं और बहुत बड़े पैमाने पर नुक्कड़ नाटक कर रहे हैं। अकेले जन नाट्य मंच ने गत दस वर्षों में नब्बे शहरों में अलग-अलग 22 नाटकों की 4300 प्रस्तुतियाँ की हैं, जिन्हें 25 लाख से ऊपर दर्शकों ने देखा है। यह नाट्य दल आज भारत के रंगमंचीय परिदृश्य का एक अभिन्न अंग बन गया है, हालाँकि यह रंगमंच की मुख्य धारा की उपेक्षा का अभी भी शिकार बना हुआ है। खासतौर पर उत्तर भारत में पिछले कुछ वर्षों में रंगपीठों के पतन के बाद से, जो पहले भी काफी कमजोर थे, नुक्कड़ रंगमंच एक प्रमुख रंगमंचीय गतिविधि का रूप ले चुका लगता है, जहाँ तक इसकी प्रस्तुतियों की संख्या और इनके दर्शकों का संबंध है। हमारी राय में नुक्कड़ रंगमंच को शामिल किए बिना, समकालीन भारतीय रंगमंच की मुकम्मल तस्वीर बनाना संभव नहीं है।

अब हम उस दुर्भाग्यपूर्ण प्रवृत्ति को लेते हैं, जिनके अनुसार नुक्कड़ रंगमंच को परंपरागत रंगमंच के विरुद्ध विद्रोह अथवा इसके विरोधी के रूप में देखा जाता है। यह पूर्णतया गलत अवधारणा दोनों ही तरह के रंगमंचों से जुड़े लोगों द्वारा बनाई गई है। एक ओर, नुक्कड़ रंगमंच के कुछ कर्मी रंगपीठों के विरुद्ध इसे खड़ा कर रहे हैं और रंगपीठों को बुर्जुआ, पतनशील और संकुचनशील रंगकर्म मानते हुए वे इसे अप्रासंगिक, हवाई दार्शनिकता से भरपूर और छिछोरा मानकर इस निष्कर्ष पर पहुँचते हैं कि एक स्वस्थ तथा सच्चा जन नाट्य रंगपीठों पर संभव ही नहीं है। दूसरी ओर, परंपरागत रंगमंच से जुड़े ढेर सारे लोग नुक्कड़ रंगमंच को नाट्य कला का एक मान्य रूपाकार मानने से लगातार गुरेज कर रहे हैं।

हमारे विचार से रंगपीठ और नुक्कड़ रंगमंच के बीच अंतर्विरोध की बात करना हास्यास्पद है। दोनों ही नाट्य-रूप जनता की निधि हैं। हाँ, जिस नाट्यपीठ पर पलायनवादी, अराजकतावादी और पनुरुत्थानवादी

हावी हैं, उसके और जनसाधारण के साथ खड़ा होनेवाले नुक्कड़ नाटक के बीच निश्चित ही अंतर्विरोध हैं। ठीक वैसे ही जैसे प्रतिक्रियावादी रंगपीठों और प्रगतिशील रंगपीठों के बीच अथवा जनवादी नुक्कड़ रंगमंच और सुधारवादी तथा सरकारी नुक्कड़ रंगमंच के बीच अंतर्विरोध हैं।

नुक्कड़ रंगमंच को राजनीतिक विज्ञापन या चलता-फिरता इश्तहार कहकर विसर्जित करने की प्रवृत्ति भी उतनी ही हास्यास्पद है। इस तरह के अभिमत का एक कारण तो यह है कि परंपरागत रंगमंच से जुड़े लोगों ने स्वेच्छा से अपने को नुक्कड़ रंगमंच से अलग कर रखा है। यह सच है कि उनमें से अधिकांश नुक्कड़ रंगमंच के नवीनतम विकासक्रम से परिचित नहीं हैं। दूसरा, और समान रूप से महत्त्वपूर्ण कारण यह है कि नुक्कड़ रंगमंच के नाम पर ढेर सारा घटिया मसाला प्रस्तुत किया जाता रहा है। फिर भी, उपरोक्त प्रकार के अभिमतों के पीछे दूसरे गहरे कारण भी हो सकते हैं।

ऐतिहासिक रूप से रंगपीठ एक ऐसा स्थल बन गया है, जहाँ जीवन के सूक्ष्म और उदात्त पक्षों पर ध्यान केंद्रित होता है। वह चिंतन, मनन और अतीत दर्शन की जगह है। प्रेक्षागृह में व्याप्त औपचारिक और गंभीर वातावरण, चुप्पी और अँधेरे से इन चीजों को बल मिलता है। चूँकि इस प्रकार की गंभीरता और एकाग्रता किसी सड़क के नुक्कड़ पर उपलब्ध करना संभव नहीं है, इसलिए जोर देकर कहा जाता है कि नुक्कड़ रंगमंच में विश्लेषण की गहराई, सौंदर्य या प्रस्तुति की शक्तिमत्ता उपलब्ध कर पाना असंभव है।

हम मानते हैं और हमें विश्वास है आप भी मानेंगे, कि कलात्मक अभिव्यक्ति के औजार और साधन जीवन के बारे में नाटककार की रचनात्मक अंतर्दृष्टि द्वारा बनते हैं, न कि इसके विपरीत कलात्मक अभिव्यक्ति के औजारों और साधनों द्वारा जीवन के बारे में नाटककार की रचनात्मक दृष्टि बनती है। यह सच है कि कोई कलाकार परंपरागत तथा पूर्ववर्तियों द्वारा प्रदत्त अनुशासन में ही काम कर सकता है। इस पर किसी को कैसे एतराज हो सकता है! पर अपने अनुशासन से अलग किसी एक या सभी अनुशासनों को अपूर्ण मानकर रद्द कर देना; पहचानने से, इनकार करना न केवल अवैज्ञानिक है, बल्कि पूर्णतया तिरस्करणीय है।

हम लोगों को एक बात साफ-साफ समझ लेनी चाहिए कि रंगमंच अपने चारों ओर के रंगीन पर्दों और तामझाम पर निर्भर नहीं होता। किसी भी खाली जगह पर—चाहे वह गोल हो या चौकोर या

वर्गाकार—नाटक अपनी पूरी ताकत और खूबसूरती के साथ प्रकट हो सकता है। नाटक बावजूद इसके जीवंत हो उठता है कि दर्शक उसकी एक ओर हैं या चारों ओर, अँधेरे में बैठे हैं या सूरज की रोशनी में। मानव जाति के ज्ञात रंगमंच के महानतम उदाहरणों में से एक प्राचीन ग्रीक नाटक सूरज की रोशनी में उन पंद्रह हजार दर्शकों के सामने खेला जाता था, जो अभिनय-क्षेत्र के तीन ओर बैठे होते थे। शेक्सपीयर अपने नाटक सरायों के सहनों में, बाजारों में और बगीचों में खेलता था। उसका 'ग्लोब थिएटर' लंदन की सबसे शोरगुलवाली जगह मानी जाती थी। वहाँ प्रस्तुति के दौरान भी 'पिट' (सामान्य दर्शकों के बैठने की जगह) में शराब की बिक्री होती रहती थी। ब्रेख्त के अनुसार, उनके आदर्श दर्शक वे हैं जो मंचन के दौरान धुआँ उड़ाते और शराब पीते हों और बॉक्सिंग तथा फुटबाल मैच के दर्शकों की तरह बीच-बीच में अपना अभिमत भी व्यक्त करते हों। हमारे अपने देश में अधिकांश जीवंत भारतीय रंगप्रस्तुतियाँ खुले मंचों और खेतों में होती हैं। रंगकर्म की शुरुआत बड़े रंगमंचों से नहीं हुई थी, न ही रंगमंचों के विकास के साथ-साथ रंगकर्म का विकास अपने अंतिम चरण में पहुँच गया है।

विवाद से हटकर भी, हमें विश्वास है कि नुक्कड़ रंगमंच ऐसा कुछ कर रहा है जिसका विशेष महत्त्व है। ऐसे समय में जब सामुदायिक मनोरंजन के सभी रूप तेजी से गायब होते जा रहे हैं; जब दूरदर्शन और वीडियो डिब्बाबंद मनोरंजन छोटे परिवारों और अकेले दर्शकों को परोस रहे हैं, नुक्कड़ नाटक ऐसी कला को पुनर्जीवित कर रहा है, जिसका सामुदायिक स्तर पर ढेर सारे दर्शक आनंद उठा सकते हैं। इस अर्थ में यह पहले से वह भूमिका अदा कर रहा है, जिसे एक पूरी तरह विकसित और लोकप्रिय रंगमंच को करना चाहिए।

हम समझते हैं कि वह समय आ गया है जब उन सभी लोगों के बीच एक जीवंत रिश्ता बनना चाहिए जो स्वस्थ रंगमंच के प्रति प्रतिबद्ध हैं, चाहे वे रंगपीठों से जुड़े हों या नुक्कड़ रंगमंच से। आज जब नुक्कड़ रंगमंच के लिए नया रुख अपनाया जा रहा है, इसके लिए नई तकनीकों, नए कौशलों और प्रशिक्षण के नए तरीकों को विकसित करने के काम में रंगमंचीय बिरादरी की महत्वपूर्ण भूमिका है। रंगमंच की मुख्य धारा से जुड़े प्रतिभासंपन्न नाटककारों को भी नुक्कड़ नाटकों के लिए नाटक लिखने के काम में अपनी भूमिका अदा करनी चाहिए। नाट्य-समीक्षकों को ऐसे मानदंड विकसित करने की भूमिका अदा करनी चाहिए, जिससे

नुक्कड़ रंगमंच अपनी शर्तों पर खड़ा हो सके।

नुक्कड़ रंगमंच की दसवीं वर्षगाँठ के अवसर पर हम रंगमंच की मुख्य धारा से जुड़े अपने साथी रंगकर्मियों का आह्वान करते हैं कि वे नुक्कड़ रंगमंच को समृद्ध बनाने में हमारा सहयोग करें।

अंग्रेजी से अनुवाद : डॉ. माहेश्वर

पारंपरिक रूपों और डिवाईसिज़ का सवाल

लोक, आदिवासी और शास्त्रीय नाट्य और नृत्य-रूपों, शैलियों और विधाओं वगैरा को लेकर हिंदुस्तानी थियेटर करनेवालों के बीच आज बहस का होना जितना स्वाभाविक है, उतना ही जरूरी भी है। पिछले 15-20 साल में दूसरे कई इलाकों की तरह हिंदी बोलनेवाले इलाके में भी इन नाट्य-रूपों और शैलियों वगैरा का लगातार ज्यादा-से-ज्यादा इस्तेमाल होता रहा है। कितने ही अहम निर्देशकों ने पारंपरिक नाट्य-शैलियों में नाटक खेले हैं। यहाँ तक कि आज हालत यह हो गई है कि बहुत-से लोग ढोल-मंजीरे, नाच-गाने और तलवार-मुखौटे के बगैर नाटक को नामुकम्मल मानने लगे हैं। हालाँकि हिंदुस्तानी नाटककारों में अभी यह प्रवृत्ति इतनी वाज़ह नहीं हुई है लेकिन फिर भी दूसरी ज़बानों से अनूवादित ऐसे नाटक, जो पारंपरिक शैलियों से प्रभावित हैं, काफी बड़ी संख्या में उपलब्ध हैं और बाकायदगी से खेले भी जाते हैं। इस क्षेत्र में हबीब तनवीर, ब. ब. कारंथ, शांता गाँधी, एम. के. रैना, बंसी कौल और राजेंद्रनाथ वगैरह के काम ने एक माहौल पैदा किया है। इन हालात में इस विषय पर बहस होना स्वाभाविक ही है।

फिर इस सवाल पर बहस करना इसलिए भी जरूरी है, क्यूँकि अच्छे बड़े पैमाने पर इस दिशा में काम होने के बावजूद अभी कोई सिलसिलेवार और बुनियादी बहस शुरू नहीं हुई। जिन निर्देशकों का मैंने ज़िक्र किया इनके अंदाज एक-दूसरे से मुख़तलिफ़ हैं। इन लोगों के काम को देखकर यह बात जाहिर हो जाती है कि समाज, कला और परंपरा की तरफ इन लोगों के रवैए भी एक-दूसरे से बहुत मुख़्तलिफ़ हैं। मुख़्तलिफ़ शैलियों और पारंपरिक कलाओं के अलग-अलग पहलुओं पर इन लोगों की पकड़ भी अलग-अलग स्तर की है। हबीब तनवीर पारंपरिक शैली के बिलकुल अंदर दाख़िल होकर उसका सामना वर्तमान द्वंद्वों से करवाते हैं, जबकि राजेंद्रनाथ और शांता गाँधी परंपरा से कुछ decorative elements लेकर spectacle पैदा करते हैं। अलग-अलग निर्देशक परंपरा से अलग-अलग तरह के रिश्ते कायम करते हैं।

लेकिन इन इख़्तलाफ़ात, इन भिन्नताओं की बुनियाद क्या है—इस पर खुलकर और संगठित रूप में बहस अभी शुरू नहीं हुई है।

इस सवाल पर बहस करना एक और वजह से भी जरूरी है। पारंपरिक नाट्य-रूपों के इस्तेमाल के सवाल के साथ बहुत-से दीगर सवाल भी जुड़े हुए हैं। मसलन—आधुनिक शहरी रंगकर्मियों और पारंपरिक नाट्य-नृत्य-रूपों के संबंधों का आधार क्या होगा? मसलन, वर्तमान हिंदुस्तानी थियेटर कौन-से सांस्कृतिक परिवेश का हिस्सा है, उसकी ऐतिहासिक, सामाजिक, दार्शनिक पृष्ठभूमि क्या है? आज के हिंदुस्तानी थियेटर की जड़ें कहाँ हैं, उसका निजी व्यक्तित्व कैसे विकसित होगा? और भी कई सवाल इस बहस से जुड़े हुए हैं—मसलन, हिंदुस्तानी इतिहास, हिंदुस्तानी समाज के विकास की हम क्या समझ रखते हैं? मौजूदा निजाम की तरफ हमारा क्या रवैया है? हमने अपनी क्या भूमिका तय की है, हमारी राजनैतिक दिशा क्या है? वगैरा-वगैरा।

मेरे ख़याल में जब तक इन तमाम सवालात पर लगातार बातचीत, बहस-ओ-मुबाहिसों का सिलसिला शुरू नहीं होगा तब तक हिंदुस्तानी थियेटर और पारंपरिक नाट्य-रूपों के रिश्ते गोल-मोल रहेंगे।

मोटे तौर पर छटे दशक की शुरुआत से हिंदुस्तानी थियेटर में एक बड़े बदलाव की लहर उठनी शुरू हुई। पाँचवें दशक के आख़िर तक का भारतीय रंगमंच मूलतः योरोपियन थियेटर की परंपराओं, उसके व्याकरण, उसके गठन, अनुशासन वगैरा से मुतास्सिर था। नेचुरलिस्ट थियेटर, रियलिस्ट थियेटर, थियेटर ऑफ दी ऐब्ज़र्ड, क्लासिकल वैस्टर्न थियेटर, प्राचीन ग्रीक थियेटर, शेक्सपीयरियन थियेटर, अमेरिकन ग्रुप थियेटर आंदोलन—इन तमाम धाराओं ने भारतीय थियेटर को प्रभावित किया था। आज़ादी के आंदोलन के दौरान रंगकर्मियों ने कुछ हद तक वैस्टर्न थियेटर की रैडिकल स्ट्रीम, थियेटर ऑफ प्रोटैस्ट और रूसी एवं सोवियत थियेटर वगैरा से प्रेरित होकर आज़ादी के आंदोलन में अपना योगदान भी दिया था। इन तमाम असरात ने नाटक लिखने और खेलने की शैलियों पर एक गहरी छाप छोड़ी थी। यूँ तो चौथे दशक में इप्टा की रहनुमाई में हिंदुस्तान के कई कोनों में पारंपरिक नाट्य-रूपों के साथ व्यापक तौर पर प्रयोग भी किए गए थे, लेकिन जहाँ तक मुझे मालूम है इस पूरे दौर में वैस्टर्न प्रभाव से जन्मित नाट्य-शैलियाँ ही हिंदुस्तानी नाट्यकर्म की मूल धारा के रूप में छाई रही थीं।

आजादी के बाद के दिनों में समाज के बढ़ते हुए संकट ने धीरे-धीरे पूरे मुल्क को हिलाना शुरू कर दिया। पाँच साला मंसूबों की नाकामयाबी, बढ़ती हुई भुखभरी और बदहाली, जहर की तरह फैलती

बदअमनी और बेरोजगारी, गाँवों की आबादी का तेजी से गरीबी की गिरफ्त में आना, भ्रष्टाचार का फैलना और जंगे-आज़ादी के तमाम ख्वाबों के टूटने के साथ-साथ उस दौर के आदर्शों का लुप्त होना—इन तमाम चीजों ने मुल्क के पूरे ढाँचे को हिलाना शुरू कर दिया। कुंठा, नाउम्मीदी, पलायनवाद शहरी बुद्धिजीवियों और कलाकारों में जड़ पकड़ने लगे। लेकिन इसके बरख़िलाफ़ इसी दौर में राजनैतिक स्तर पर जन-आंदोलन भी मज़बूत होने लगे। किसानों, मजदूरों, नौजवानों और विद्यार्थियों की तहरीकें भी बढ़ने लगीं। कुदरती तौर पर यह तमाम रुझान रचनात्मक गतिविधियों पर भी असर अंदाज हुए। जब नाटक ने इन विकासों की लय में गूँजना शुरू किया, तब शैली की मूलधारा के सवाल को लेकर भी नए सिरे से सोचने का काम होने लगा। भारतीय यथार्थ को प्रतिबिंबित करने, उसकी बेहतर अभिव्यक्ति करने की जरूरत ने वैस्टर्न प्रभाव से छुटकारा पाने, उसको नामंजूर करने के सिलसिले की शुरुआत की। एक साथ कई जगह नए रूपों, नई शैलियों, नई विधाओं, नई भाषा वगैरा की तलाश सरगर्मी से होने लगी।

छठे दशक के बीच का यह दौर समाज के हर क्षेत्र में नए प्रयोगों का दौर था। राजनैतिक स्तर पर गैर-कांग्रेसी पार्टियों के गठबंधन सामने आ रहे थे। 1957-59 में पहली कम्युनिस्ट राज्य सरकार बन चुकी थी। बंगाल और केरल में कांग्रेस के एकछत्र राज का युग बीत गया लगता था। दूसरे कई प्रांतों में भी गैर-कांग्रेसी मोर्चे सत्ता में आ रहे थे। समाजवादी दल तकसीम हो चुका था और मुख़्तलिफ़ पार्टियों के साथ नए रिश्ते कायम कर रहा था। व्यापक जन-असंतोष आंदोलनों और ऐजिटेशंज़ की शक्ल ले रहा था। नए छात्र और मज़दूर संगठन पैदा हो रहे थे। औरतों में एक नई जागृति आ रही थी। संयुक्त परिवार का ढाँचा टूट रहा था और न्यूक्लियर फ़ैमिली का कॉन्सैप्ट लोकप्रिय हो रहा था। ठीक इसी दौर में नाट्य-जगत में भी एक तरह का विप्लव आ रहा था। बड़े पैमाने पर नई शैलियों, नए कथ्य की तलाश शुरू हो चुकी थी। यथार्थ को समझने की कोशिश में रंगकर्मी नई दिशाओं में, खासकर भारतीय परंपरा के सागर में खोजबीन कर रहे थे। महाकाव्यों और पौराणिक साहित्य पर आधारित आधुनिक नाटकों की रचना एक अहम धारा की शक्ल ले रही थी। हबीब तनवीर का काम स्पष्ट रूप से सामने आ रहा था। राष्ट्रीय नाट्य विद्यालय में बाकायदगी से पारंपरिक शैलियों में प्रशिक्षण दिया जा रहा था। इस देशव्यापी बदलाव की लहर और नाट्य-जगत की छटपटाहट—दोनों का लगभग एक ही साथ उभरना क्या महज एक इत्तेफ़ाक था या इन दोनों में कोई गहरा रिश्ता

भी था। इस सवाल पर संजीदगी से सोचने की जरूरत है।

मेरी समझ में नए नाट्य-रूपों की तलाश एक बहुत ही फंडामैंटर जरूरत है जो कि हर संवेदनशील रंगकर्मी को गहराई के साथ महसूस होती है। नाट्य-जगत को एक नई शैली से जगमग कर देने की चाह भी कलाकार में एक जोरदार छटपटाहट पैदा करती है। नए ख़यालात के इजहार की कशमकश में कलाकार नए-नए रूपों का सृजन करता है उन्हें खोजकर निकालता है। लेकिन कई मरतबा यूँ भी होता है कि कथ्य के अभाव में, अपने खालीपन से परेशान होकर कलाकार सिर्फ चकाचौंध करनेवाली, चौंका देनेवाली शैली का सहारा लेकर ही अपने वजूद, अपनी हस्ती को बनाए रखना चाहता है। शैली का जन्म होता है कलाकार और यथार्थ के आपसी टकराव, आपसी संघर्ष से, पैदा होने की जद्दोजहद से। लेकिन जब नई शैली को बगैर इस टेंशन, इस संघर्ष, बगैर इस जद्दोजहद के हासिल करने की कोशिश की जाती है तो वहीं से कला, कथ्य, कलाकार, परंपरा—सबके विनाश का सिलसिला शुरू हो जाता है। आज अगर कोई पारंपरिक शैली तक इन कारणों से पहुँचता है तो मेरी समझ में वह परंपरा का दुरुपयोग करता है।

असल में कथ्य और रूप दोनों एक-दूसरे से इस तरह पैबस्त हैं जैसे आग और उसकी गर्मी या जैसे बिजली और उसकी रफ्तार। एक-दूसरे के बिना उनकी कोई हैसियत ही नहीं है। जिस तरह ख़यालात सिर्फ अल्फाज की शक्ल में ही नुमायाँ होते हैं, उसी तरह कथ्य नाट्यरूप की शक्ल में ही पैदा होता है। जिस नाटककार, निर्देशक, या अभिनेता की जबान जितनी समृद्ध, जितनी विस्तृत, जितनी ज़रखेज़ होती है, उसके ख़यालात उतनी ही गहराई, उतने ही विस्तार से पैदा होते हैं। शब्दों के ऐसे खाने या साँचे बनाकर नहीं रखे जा सकते, जिनमें ख़यालात को उँडेल दिया जाए। शैलियाँ कोई लबादे नहीं हैं, जिन्हें अलमारी में से निकालकर कथावस्तु को पहना-उढ़ाकर सजा-सँवार दिया जाए। आजकल जो कहीं-कहीं यह टेंडेंसी नजर आती है, यह बहुत गलत है, अवैज्ञानिक है, अकलात्मक है।

लेकिन आजकल इतनी बड़ी संख्या में जो रंगकर्मी पारंपरिक शैलियों में आधुनिक नाटक लिख और खेल रहे हैं, उनके काम को यूँ ही डिसमिस नहीं किया जा सकता। यह सारे प्रयोग, यह संयुक्त प्रयास अब एक आंदोलन की शक्ल ले चुके हैं। जरूरत है रंगकर्म के इस दौर के सवालात को, समस्याओं को ऐतिहासिक और वैज्ञानिक संदर्भ में समझने की।

मुख्य सवाल यह है कि रंगकर्मी की रचनात्मकता का उसके मौजूदा

माहौल और उसकी परंपरा से क्या रिश्ता है। यह रिश्ता किस तरह उसकी रचना को प्रभावित करता है, इस रिश्ते को सींचा जाए, विकसित किया जाए या तोड़ दिया जाए।

कुल मिलाकर यह सवाल है संस्कृति का, परंपरा का। मेरी समझ मे संस्कृति एक बहुत ही व्यापक और पेचीदा कॉन्सैप्ट है। समाज के विकास की शक्तियों और उत्पादन-संबंधों के आपसी टकराव से पैदा हुए सारे अनुभव, सारे खयालात, सारे इमेजिज़, सारी कृतियों के कुल जोड़ का नाम है संस्कृति। परस्पर विरोधी मान्यताएँ, मूल्य, धारणाएँ, विश्वास, धर्म, दर्शन, विचारधाएँ—सभी इसके हिस्से हैं। तबकों में बँटे हुए समाज की संस्कृति भी बँटी हुई होती है। हाकिम तबके की संस्कृति समाज की हाकिम या नुमायाँ संस्कृति होती है। उससे पैदा हुई मान्यताएँ, उसके मूल्य, उसके विश्वास, उसकी कॉस्मॉलोजी पूरे समाज पर और हर तबके पर हावी होते हैं। लेकिन हाकिम संस्कृति ही समाज में पल रही वाहिद या एकमात्र संस्कृति नहीं होती। वर्ग-विभाजित समाज में एक और संस्कृति होती है—महकूम तबके की संस्कृति, शासित तबके की संस्कृति। यह काफी हद तक हाकिम संस्कृति के अधीन होने के बावजूद कई वाईटल ऐस्पैक्ट्स में उससे बुनियादी तौर पर मुख़्तलिफ़ होती है। इसके अलावा अलग-अलग फ़िरक़ों, अलग-अलग कौमों की अपनी-अपनी विशिष्ट संस्कृतियाँ होती हैं। इन तबकों, फिरक़ों, कौमों के आपसी संघर्ष से जो मूल धारा जन्म लेती है वह समाज के विकास की अगली कड़ी में हाकिम-ओ-गालिब संस्कृति की शक्ल इख्तियार करती है। यह संघर्ष लगातार चलता रहता है। यहाँ अहम सवाल यह है कि इनमें से कौन-सी संस्कृति, कौन-सी धारा सचेत रूप से कलाकार के रचना-जीवन को दिशा देती है। इस संयुक्त संस्कृति के किन तत्वों से वह मुक्त होना चाहता है। किन्हें विकसित करना चाहता है। और इस संघर्ष में यह संयुक्त कल्चर किस तरह उसके फैसलों को प्रभावित करती है। उसके मौजूदा माहौल में विद्यमान कौन-सी सामाजिक और राजनैतिक ताकतें उसे आगे ले जाती हैं, कौन-सी पीछे खींचती हैं। यह संघर्ष जितना राजनैतिक और दार्शनिक है, उतना ही सांस्कृतिक भी है। कई मानों में यह संघर्ष बुनियादी तौर पर सांस्कृतिक संघर्ष होता है।

लेकिन परंपरा ? परंपरा इन तमाम असरात के मूर्त और सचेत रूप को कहते हैं। परस्पर विरोधी और पूरक शक्तियों के आपसी टकराव से पैदा होनेवाली प्रधान धाराएँ अपने समाज की मूल परंपरा होती हैं। कला के क्षेत्र में किसी विशिष्ट सांस्कृतिक परिवेश में विकसित होनेवाले कलारूप, शैलियाँ आदि कालांतर में परंपरा की शक्ल ले लेते हैं। वे

अपने सांस्कृतिक परिवेश के सिंबल बन जाते हैं और उस माहौल के लुप्त होने के बावजूद लंबे अर्से तक जिंदा रहते हैं। जीतनेवाली ताक़तें और हारनेवाली ताक़तें—दोनों ही अपनी मूल संस्कृति के मूर्त रूप गढ़ती हैं। यह रूप सरवाईव करते हैं, अपनी संस्कृति के सत, उसके निचोड़ को खुद में समाए हुए। एक बहुत ही सतही-सी मिसाल लेता हूँ। कथक नाच हुक्मरानों की दरबारी संस्कृति से, एक ठहरी हुई, इत्मीनान की संस्कृति से पैदा हुआ। दूसरी तरफ 'थिरुकुट्टू' खेतों में पसीना बहाते, रोटी के लिए संघर्ष करनेवाले मेहनतकश तबके की संस्कृति से जनमा। नतीजतन कथक में ठहराव है, कांसंट्रेशन और डीटेल है, डैकोरेटिव और औरनामैंटल तत्व हैं। थिरुकुट्टू में ऐनर्जी है, ऐलिमैंटल फोर्स है, भावनाओं का अपार सागर है, और कॉज़ और इंफैक्ट में सीधा और इमीजियेट रिश्ता है। कथक जिंदगी के संघर्षों, समस्याओं और यथार्थ से जितना दूर लगता है, थिरुकुट्टू उनसे उतना ही नज़दीक लगता है, बल्कि उन्हीं का हिस्सा लगता है। दोनों ही पारंपरिक हैं। पर दोनों में से कौन-सी परंपरा जीवंत परंपरा है, संघर्ष की परंपरा है, किस परंपरा में भविष्य के बीज हैं, कौन-सी पिछड़ी हुई है, रुकी हुई है, यह तो देखना ही होगा।

लेकिन इस अंतर को समझ लेने से भी सवाल हल नहीं हो जाता। जो परंपरा जीवंत है, प्रगतिशील है, उसे अपना लेंगे, जो पिछड़ी हुई, रुकी हुई है, उसे अस्वीकार कर देंगे—ऐसा मैं हरगिज़ नहीं कह रहा। हमारे रंगकर्म और हमारी परंपरा के रिश्तों का सवाल इससे कहीं ज्यादा पेचीदा है। किसी परंपरा का प्रगतिशील या इन्कलाबी होना ही हमारे रचनाकर्म में उसके आने के लिए काफ़ी नहीं हैं। मेरी नज़र में सिर्फ वही परंपरा हमारी रचना का हिस्सा बनती है जिसे हम पूरी तरह अपना चुके हैं, जिसे हम ऐब्ज़ॉर्ब कर चुके हैं, ऐसिमिलेट कर चुके हैं। और इसके बाद भी वह परंपरा जब हमारे कथ्य से टकराती है तो बहुत ही बदली हुई शक्ल में प्रकट होती है। वह हमारे कथ्य को अगर समृद्ध करती है तो उससे खुद भी समृद्ध होती है। हम जिस चीज को पूरी तरह अपना लेते हैं उसी में हम अच्छे-बुरे का फ़र्क़ भी कर पाते हैं। जिस चीज़ से हमारा ऊपरी या बाहरी रिश्ता होता है, हम उसे सिर्फ़ अनक्रिटिकली एडमायर या रिजैक्ट ही कर सकते हैं।

इसका एक बहुत अच्छा उदाहरण हमारे सामने है। ब्रेख़्त के नाटक **कॉकेज़ियन चॉक सर्किल** का प्रोडक्शन रैना ने किया **पराई कुक्ख** के नाम से और एक प्रोडक्शन किया कविता नागपाल ने **मिट्टी ना होवे मत्रेई** के नाम से। दिलचस्प बात यह है कि दोनों प्रोडक्शन एक ही

स्क्रिप्ट पर आधारित थे, यहाँ तक कि दोनों का संगीत, गीतों की धुनें तक वही थीं। लेकिन **पराई कुक्ख** एक रिलैंटलैसली पोलिटिकल प्रोडक्शन था, उसमें जोर था माहौल पर, कथ्य पर। दूसरा प्रोडक्शन स्पैक्टैक्युलर था, उसमें कैलेंडरवाली क्वालिटी थी। उन्हीं पारंपरिक धुनों के बावजूद दूसरा प्रोडक्शन मेरी नज़र में हरगिज़ नहीं जम पाया। फ़र्क़ था निर्देशकों के रवैए में, परंपरा और उनके रिश्ते की पुख़्तगी में। इसीलिए जहाँ एक प्रोडक्शन में परंपरा डिवाईस बन कर गूँजी, दूसरे में वह डिवाईस न बन पाई, अपनी प्योरिटी को स्थापित करने की कोशिश में बेजान हो गई, निर्जीव हो गई।

इस सिलसिले में मैं एक बार फिर दोहराऊँगा कि क़थ्य और शैली दोनों का ही जन्म एक साथ होता है, एक ही जगह से होता है—कलाकार के रचना सागर से, उसके संदर्भ, उसके परिवेश से। जब शैली के चयन का साधन कथ्य के सिवा कोई और तत्व बन जाता है तो कला मैकैनिकल हो जाती है, उसका ख़ात्मा शुरू हो जाता है। रूप तैयारशुदा शक्ल में नहीं रखे होते जिन्हें ज्यूँ का त्यूँ उठाकर इस्तेमाल कर लिया जाए।

तो हम पारंपरिक शैलियों में काम करेंगे किस बिना पर, किस आधार पर? मौज़ूदा निज़ाम की तरफ़ कलाकार का क्या रवैया है, यही मुकर्रर करेगा कि अतीत की तरफ़, परंपरा की तरफ़ उसका क्या रवैया होगा। सबसे पहले यह तय करना होगा कि आखिर हम चाहते क्या हैं, किस चीज़ की तरफ़ हम प्रतिबद्ध हैं, किन शक्तियों के साथ हम जुड़े हुए हैं, या किनसे जुड़ना चाहते हैं।

मैं नौटंकी या यक्षगान में काम करना चाहता हूँ या नैचुरिस्ट मोल्ड में, यह इतना अहम नहीं है जितना यह है कि मैं क्या करना चाहता हूँ। अगर कोई कहे कि मैं तो यक्षगान **ही** करना चाहता हूँ, या यह कि नौटंकी **ही** करना चाहता हूँ तो मेरे ख़याल में वह कुछ भी नहीं कर पाएगा। क्यूँकि नौटंकी या यक्षगान नौटंकी और यक्षगान होने के अलावा अपने-अपने संदर्भों में एक विशेष सामाजिक, दार्शनिक और धार्मिक भूमिका भी अदा करते हैं। आपको यक्षगान करने के लिए इन तमाम चीज़ों को भी अपनाना होगा। और अगर इन चीज़ों को आप यक्षगान में से निकाल देंगे तो वह यक्षगान का सिर्फ़ खोल मात्र रह जाएगा। उस खोल में दूसरी मान्यताएँ, दूसरे कॉन्सैप्ट्स; दूसरी कॉस्मॉलोजी समा पाएगी या नहीं, यह एक दीगर बहस है। मसलन ब. ब. कारंथ के **बरनम वन** को ही लीजिए। यक्षगान में शेक्सपीयर हुआ, बड़े धड़ल्ले से, बड़ी धूम-धाम से हुआ। शेक्सपीयर की जन्मभूमि तक भी पहुँच

गया। लेकिन अगर मेरी राय माँगें तो उस मंचन में न शेक्सपीयर था न यक्षगान। और हो भी नहीं सकता था। मुझे नहीं मालूम कि ब. ब. कारंथ और उनके अदाकारों का यक्षगान से कितना नज़दीकी संबंध था, वह उस फार्म को कितने इंटेमेंटली जानते थे। मगर प्रोडक्शन से यह बात साफ थी कि यक्षगान का एक ऊपरी डैकोरेटिव इस्तेमाल हो रहा था। शेक्सपीयर तो नष्ट हो ही रहा था, मेरे ख़याल में यक्षगान के साथ भी काफ़ी बदसुलूकी हो रही थी। मेरी राय में ऐसा हर प्रयास, जिसमें एक फार्म को ज्यूँ का त्यूँ या लगभग ज्यूँ का त्यूँ उठाकर किसी दूसरे संदर्भ से निकले कथ्य पर लादा जाएगा, तो हमेशा यही होगा।

इसके विपरीत अगर कोई कहे कि वह चाहता है कि थियेटर को समाज का एक जीवंत हिस्सा बनाए, थियेटर और अवाम के रिश्तों को मजबूत बनाए, थियेटर को बहस और संघर्ष के मंच में तब्दील करे तो मेरे ख़याल में वह कलाकार जिस भी ट्रैडिशन में काम करेगा, उसे भी सशक्त और समृद्ध करेगा और थियेटर को भी। बंसी कौल का **आला अफ़सर** इसकी एक ठीक-ठाक मिसाल है।

मैं फिर बुनियादी सवाल पर लौटता हूँ। हम क्यूँ निकलें पारंपरिक शैलियों की तलाश में? वह परंपरा परंपरा नहीं, जिसे चिराग़ लेकर ढूँढ़ना पड़े। परंपरा वही है जो हमारे वर्तमान परिवेश में, हमारे माहौल में विद्यमान है; ऐसी परंपरा ख़ुद-ब-ख़ुद हमारी रचना-प्रक्रिया का हिस्सा बनती है। हर संवेदनशील कलाकार, हर सजग कलाकार अपनी मुख़तलिफ़ परंपराओं से प्रभावित होता है। केवल वे कलाकार जो अपने समाज से पूरी तरह एलिएनेटिड हैं, वही अपनी परंपराओं से प्रभावित नहीं होते, उन्हें प्रभावित नहीं करते। मसलन दिल्ली में अंग्रेजी थियेटर करनेवाले हमारे साथी।

कुछ साथियों का ख़याल है कि हमारे रंगकर्म में उस वक्त तक 'भारतीयता' नहीं आएगी, उसकी जड़ें, उसका मौलिक चरित्र उस वक्त तक लुप्त रहेगा जब तक उसे पारंपरिक शैलियों से समृद्ध न किया जाए। मैं उनसे कहना चाहता हूँ कि 'भारतीयता' नाच-गानों, रिचुअल्ज़, पूजा-पाठ, बलि और कुसंस्कारों को दिखाने से नहीं आएगी। ऐसी भारतीयता तो सिर्फ आई. टी. डी. सी. के मतलब की ही हो सकती है। या उन तथाकथित कलाकारों के मतलब की जो साधनसंपन्न शहरी दर्शकों और विलायती लाट साहबों को थियेटर, सिनेमा, पेंटिंग वगैरा के ज़रिए 'दि रियल इंडिया' दिखाना चाहते हैं—जादू-टोने, पूजा-पाठ और धर्म-दर्शन का रियल इंडिया, भूत-प्रेतों, सुरों-असुरों और साधु-संतों का

रियल इंडिया, आध्यात्मिक शांति, शांति, शांति ओउम्वाला रियल इंडिया!

यह ऐक्स्पोर्ट-ओरियंटिड भारतीयता है, यह असली भारतीयता नहीं, यह हम सभी जानते हैं, हम सभी मानते हैं।

भारतीयता हमारे रंगमंच में तभी आएगी, जब रंगकर्मी वैज्ञानिक दृष्टिकोण लेकर, ईमानदारी और लगन के साथ मौजूदा भारतीय निज़ाम का अध्ययन, विश्लेषण शुरू करेंगे। एक ग़ैर वैज्ञानिक समझ को कितने ही पारंपरिक अंदाज से क्यूँ न पेश करें, वह समझ गलत ही रहेगी।

पारंपरिक नाट्य-रूपों के साथ हिंदुस्तानी रंगकर्मियों ने उस वक्त प्रयोग शुरू किए थे जब वह देश की तेज़ी से बदलती हुए स्थिति में अपनी भूमिका निभाने के लिए छटपटा रहे थे और उन्हें एक पुरानी फ़ॉर्म, एक ट्रैडिशन जकड़े हुए थे। उसे तोड़कर, उससे मुक्त होकर उन्होंने नए कथ्य और नए रूपों के साथ सामने आना शुरू किया और कई मानों में थियेटर को लोकप्रिय बनाने में कामयाबी भी हासिल की।

लेकिन बदकिस्मती से आज पारंपरिक शैलियों की यह खोज लगभग एक मज़ाक़ बन गई है। पारंपरिक नाटक करना आज यथार्थ से मुँह मोड़ लेने का एक बहाना बन गया है, अपने बुनियादी काम, अपने फ़र्ज़ से पीछा छुड़ाने का एक आसान साधन बन गया है। कितना कन्वीनियेंट है ऐसा करना। भारतीय सत्य के नाम पर आज हम सिर्फ़ एक रंगीन स्पैक्टेकिल दिखा के और देख के ख़ुश हो लेते हैं, जबकि असल में उस स्पैक्टेकिल की आड़ में हम दर्शकों को भारतीय सत्य से दूर ले जाते हैं।

जो आंदोलन थियेटर की ज़बान की गहराई देने के लिए शुरू हुआ था, वही आज थियेटर को एक ख़ला, एक शून्य की तरफ खींच रहा है। यह नतीजा है ग़ैर वैज्ञानिक नज़रिये से काम करने का। परंपरा, संस्कृति और वर्तमान स्थिति के तथा अपने रचनाधर्म के रिश्तों को ठीक तरह से समझे बग़ैर जो अंधाधुंध उठा-पटक शुरू हुई, वह आज हमें यहाँ ले आई है कि नए और अच्छे नाटक लगभग न के बराबर लिखे जा रहे हैं, फिर भी मंचन बढ़ते जा रहे हैं। आज थियेटर करना कितना आसान हो गया है। बने-बनाए कई फ़ार्मूले हैं, जिन्हें पूरा करने के लिए ठीक-ठाक नाच-गा लेनेवाले अभिनेताओं और साजिंदों के सिवा और कुछ भी दरकार नहीं।

तो क्या मैं यह कहने की कोशिश कर रहा हूँ कि परंपरागत नाट्य-शैलियों का हम एकदम बहिष्कार कर दें। नहीं, बिलकुल नहीं। इसके विपरीत मैं यह समझता हूँ कि अपने रंगकर्म को, उसकी ज़ुबान को

बढ़ाने के लिए, विस्तृत, समृद्ध और गहरा करने के लिए हर रंगकर्मी को पारंपरिक शैलियों में ख़ुद को ट्रेन करना चाहिए, उन शैलियों, उन परंपराओं को गहराई से समझना चाहिए, उनको एब्ज़ॉर्ब करना चाहिए, उनके अंदर तक चले जाना चाहिए। यह परंपराएँ इस हद तक हमारे चेतन का हिस्सा बन जानी चाहिए कि हमारे रोज़मर्रा के अनुभव, हमारे संघर्ष इनके संपर्क में आकर रिवरबरेट करें। इसके बाद हमारी अभिव्यक्ति सदियों की संचित जहानत की गूँज के साथ सामने आएगी। लेकिन यह शैलियाँ हमारी रचनाओं में बदली हुई शक्ल में प्रकट होंगी। यह ख़ुद को कथ्य के अनुरूप ढाल चुकी होंगी। अपने संदर्भ से मुक्त होकर यह एक नए संदर्भ को समृद्ध करेंगी और इसके साथ-साथ खुद भी नया जीवन पाएँगी।

इस कायाकल्प का साधन होगी हमारी दृष्टि, हमारा रवैया, हमारा नज़रिया। परंपरा के प्रति हमारी सच्ची इज्ज़त। मैं समझता हूँ कि हबीब तनवीर ने एक खास परंपरा में पूरी तरह रच-बस कर जो काम किया है, वह हमारा मार्गदर्शन कर सकता है, बशर्ते हम परंपरा में जुड़ना चाहते हैं। जो तरीका उन्होंने अपनाया है वही सही तरीका है।

परंपरा को पूरी तरह अपनाए बग़ैर उसका इस्तेमाल नकली होता है, कृत्रिम होता है, उसमें शोषण का ऐलिमैंट होता है। इस क़िस्म की मौकापरस्ती किसी अच्छे कलाकार को शोभा नहीं देती। यह व्यवसायिक प्रवृत्ति है। कहने का मतलब यह है कि अगर हमारी प्रायॉरिटी थियेटर नहीं बल्कि पारंपरिक थियेटर है, तो हम स्वस्थ थियेटर का सृजन नहीं कर पाएँगे। नाटककार नाटक करता है समाज से जुड़ने की ख़ातिर, समाज को प्रभावित करने के लिए। यह उसकी एक अंदरूनी ज़रूरत होती है। लेकिन जब वह अपनी अंदरूनी छटपटाहट को बाला-ए-ताक रखकर किसी एक खास तरह का थियेटर करने की क़सम खा लेता है तो उसका पतन शुरू हो जाता है। फिर वह सच्चा कलाकार नहीं, बल्कि किसी थोथी शैली का कमीशन एजेंट बनकर रह जाता है। पिछले 15-20 साल के इस दौर में ऐसे हादसे कई रंगकर्मियों के साथ हुए हैं।

आख़िर में मैं एक बात और कहना चाहता हूँ। मुझे लगता है कि पारंपरिक थियेटर के नाम पर हिंदुस्तानी थियेटर को वाईटलाईज़ करने के मिशन में लगे कई रंगकर्मी कहीं-न-कहीं एक घटिया क़िस्म के रिवाईवलिज़्म के भी पक्षधर हैं। वर्तमान यथार्थ को माज़ी के चश्मे से देखना, मौजूदा संघर्षों, मसलों, द्वंद्वों को अतीत के बिंबों, अतीत की मिथों और मेटाफरों से आँकने का काम मुझे तो एक साज़िश-सा लगता है।

मेरे ख़याल में मुख्य सवाल यही है कि वर्तमान में हम कहाँ, किस तरफ़ खड़े हैं। हमारी क्या पोजिशंज हैं। क्या हम आज की मुख्य धारा, यानी जनवादी परिवर्तन की धारा, के साथ हैं, या हम किसी ठहरी हुई धारा के साथ हैं। यही निर्धारित करेगा कि हमारा नाता किस परंपरा से जाकर जुड़ेगा, उस परंपरा से हमारा रिश्ता क्या होगा, उसे हम किस तरह इस्तेमाल करेंगे।

नुक्कड़ नाटक का संकट

1975 से 1984 तक के दशक की सबसे अहम पहचान है इस दौर में भारतीय जनता के मुख़्तलिफ़ स्तरों में फैली एक ऐसी जनचेतना जो लोकतंत्र की हिफ़ाज़त के लिए कमोबेश तौर पर संघर्ष करने में सक्षम साबित हुई। इस सक्रिय जनवादी चेतना का अक्स ज़िंदगी के हर पहलू पर पड़ा। नाट्य-जगत भी इस लहर से अछूता न रहा।

1942-44 से लगभग 1952-55 तक के प्रगतिशील नाट्य-आंदोलन के ह्रासोन्मुख होने के बाद हिंदुस्तानी शहरी नाटक का जनाधार सिकुड़ता चला गया था। छठे दशक के ख़ात्मे तक हालत यह हो गई थी कि बंगाल को छोड़कर तक़रीबन हर प्रांत में शहरी नाटक महानगरों के साधन-संपन्न तबके के एक छोटे-से अंश तक महदूद रह गया था। मोटे तौर पर यह वह तबका था जो राजनीतिक क्षेत्र में गैर जनवादी और एकाधिकारवादी ताकतों के लक्ष्यों का हामी था। इस तबके के भोग के लिए रचित नाट्यकर्म एक तरफ़ उसकी आकांक्षाओं, कुंठाओं आदि को दर्शाता था, दूसरी तरफ़ समाज की जनवादी धारा से पैदा हुई धारणाओं और मूल्यों पर सचेतन-अचेतन रूप से प्रहार करता था और उसके धीरे-धीरे बढ़ते हुए प्रभाव से नाट्यजगत को बचाता चलता था।

लेकिन सातवें दशक की शुरुआत से जनवादी आंदोलन के विकास का प्रत्यक्ष प्रभाव थियेटर पर फिर से पड़ने लगा और नाट्य-जगत के भीतर एक द्वंद्व शुरू हुआ। सबसे पहले तत्कालीन-नाट्यकर्म द्वारा निर्धारित परिमिधि के भीतर ही नाटक का कथ्य-स्वरूप बदलना शुरू हुआ। अगले चरण में इस बदलते हुए स्वरूप ने नाटक के जनाधार को व्यापक बनाने के लिए अंदर से जोर लगाना शुरू किया। 1975-77 में राजनैतिक स्तर पर जनवादी चेतना के विस्फोट का स्पंदन बहुत तेजी से नाट्य-जगत में पहुँचा और हालात के साज़गार होते ही जनवादी स्वरूप का नाटक प्रेक्षागृहों की पाबंदियों को तोड़कर व्यापक दर्शक समूह की तलाश में गली-कूचों में निकल आया। यहीं से आधुनिक भारतीय

नाटक के इतिहास में दूसरी मर्तबा नुक्कड़-नाटक-आंदोलन की शुरुआत हुई।

तब से अब तक भारत के छोटे-बड़े अनेक महानगरों, शहरों, कस्बों और आंचलिक इलाकों में नुक्कड़ नाटक नाट्यकर्म की मुख्यधारा का एक छोटा-मोटा हिस्सा बन चुके हैं। लेकिन इसके बावजूद यह कहना गलत होगा कि इस दौर में विकसित नुक्कड़ नाटक ने अपनी पृथक पहचान बना ली है, कि उसका एक विशिष्ट दिशा में विकास हुआ है, या कि उसने अब एक आंदोलन की शक्ल ले ली है। समकालीन नुक्कड़-नाटक के विकास का पहला कारण है जनवादी नाटक खेलने का एक माहौल, जिसकी वजह से जगह-जगह खुद-ब-खुद नाटक-मंडलियाँ उभर रही हैं। लेकिन सिर्फ माहौल ही इस रंगकर्म को एक विशिष्ट दिशा, एक लक्ष्य, एक दर्शन या विचारधारा देने के लिए काफ़ी नहीं होता। 'पृथक पहचान' मात्र किसी विधा की नहीं हुआ करती। विधा और विचारधारा या विधा और समाजदर्शन के संगम से जो कलारूप उत्पन्न होते हैं वे अपने दर्शन, अपने दृष्टिकोण, अपनी समझ के आधार पर अपनी पहचान बनाते हैं।

विचारधारा और दृष्टिकोण के आधार से समकालीन नुक्कड़-नाट्यकर्म को जब हम देखते हैं तो पाते हैं कि उसने विभिन्न लक्ष्य निर्धारित करते हुए अलग-अलग रूप धारण किए हैं। वास्तव में विचारधारा और दर्शन विधा के स्वरूप को इस हद तक प्रभावित करते हैं कि उनके संपूर्ण विश्लेषण के बगैर विधा को समझा-परखा जा ही नहीं सकता।

इस समझ के आधार पर मुझे वर्तमान दौर के नुक्कड़-रंगकर्म में तीन मुख्यधाराएँ नज़र आती हैं—जनवादी धारा, छद्म क्रांतिकारी धारा (वास्तविक तौर पर अराजक दर्शन की धारा) और संशोधनवादी धारा। तीनों धाराओं ने तीन पृथक किस्म की संरचनाओं (Structures) को अपनाया है। तीनों धाराओं में से किसी एक ने अभी तक प्रधान धारा की शक्ल नहीं ली है, अभी इन तीनों में आपसी संघर्ष चल रहा है। एक तरह से यह संघर्ष सामाजिक स्तर पर हो रहे संघर्षों से काफ़ी पिछड़ा हुआ है, क्योंकि सामाजिक और राजनैतिक स्तर पर 'छद्म क्रांतिकारी' और संशोधनवादी धाराओं को जनवादी धारा लगभग पराजित कर प्रमुख धारा के रूप में विकसित हो गई है। कला और नाटक के क्षेत्र में प्रमुखता का निर्णय होना अभी बाकी है। और यह निर्णय स्वरूप या संरचना के आधार पर नहीं, बल्कि समाज-दर्शन और विचारधारा के आधार पर होगा।

विधा की संरचना के सिद्धांतों और व्याकरण पर कोई बहस इसी परिप्रेक्ष्य में की जा सकती है। तीनों मुख्य धाराओं के नाटकों ने अब तक संरचना के स्तर पर कई प्रयोग किए हैं। कथारेखा, कथामाला, आकस्मिक घटना, असंबंधित घटनाक्रम, केवल वार्तालाप, केवल गायन, केवल नृत्य, मूकाभिनय आदि या इन सबके विभिन्न सम्मिश्रणों पर आधारित बहुत-से स्वरूप सामने आए हैं और सभी सफल और असफल शक्लों में खेले गए हैं। इन तमाम तत्वों की मिली-जुली संरचना का कोई जादुई नुस्ख़ा नहीं हो सकता। किसी भी रचना को जीवंत बनाने का मात्र एक ही साधन है—रचयिता, निर्देशक और अभिनेताओं की कला-कुशलता। और किसी भी कलात्मक और जीवंत संरचना को अर्थपूर्ण बनाने का मात्र एक ही साधन है—उसकी प्रासंगिकता, उसकी आधारभूत विचारधारा का वैज्ञानिक सत्य।

पिछले पाँच एक वर्षों में मुल्क के कई इलाकों में जो थोड़ा-बहुत नुक्कड़ रंगकर्म हुआ है, वही इस विद्या में स्थापत्य (Structure) के सवाल पर बहस करन के लिए काफी है। ऐसी बहस के लिए नुक्कड़-नाटक द्वारा अपनी 'पृथक पहचान' बना लेना जरूरी नहीं है। मेरे ख़याल में देश के मुख़्तलिफ़ कोनों में जो नुक्कड़-रंगकर्म पिछले कुछ वर्षों में हुआ है, उसकी कोई एक (Homogeneous) दिशा नहीं रही है। उसका विकास किसी एक ख़ास सिम्त में नहीं हुआ, वह समान हालात से जनमा नहीं, उसके लक्ष्य, उसके ध्येय अलग-अलग जगह अलग-अलग तरह के रहे हैं, कई मरतबा एक ही शहर में दो-तीन या उससे ज्यादा मुख़्तलिफ़ विचारधाराओं, ध्येयों, और लक्ष्योंवाले नुक्कड़- रंगकर्मी सतर्क रहे हैं। विभिन्न परिप्रेक्ष्यों की वजह से नुक्कड़-रंगकर्म ने भी अलग-अलग रूप धारे हैं। ऐसे हालात में सिवाय इसके कि नुक्कड़ नाटक कई शहरों में खेले जा रहे हैं, उनकी अपनी कोई 'पृथक पहचान' नहीं बनी है। एक 'स्वतंत्र विधा' के रूप में नुक्कड़-नाटक के विकास का वातावरण अभी नहीं बन पाया है।

नुक्कड़ नाटक में दर्शक

साक्षात्कार

सफ़दर हाशमी से सुभाष शर्मा की बातचीत (जून, 1984)

प्रश्न : नुक्कड़ नाटक करने की प्रेरणा आपको कहाँ से मिली ?

उत्तर : हम लोग पहले मंच-नाटक ही किया करते थे। फ़र्क़ इतना था कि अपने नाटकों को हम मज़दूर-बस्तियों और गाँवों वगैरा में स्टेज लगाकर खेलते थे। हमारे काम में एक दौर ऐसा आया जब हमारे लिए उस तरह के नाटक करना बहुत मुश्किल हो गया था और दूसरे हमारी समझ में जनता के बीच वैज्ञानिक समाज-चेतना फैलानेवाले नाटकों की ज़रूरत पहले की बनिस्बत कहीं ज़्यादा बढ़ गई थी। ऐसी स्थिति में हमें एक ऐसी विधा की ज़रूरत महसूस हुई जो असरदार होने के साथ-साथ बहुत सस्ती और मोबाईल भी हो, जिसे बिना किसी ताम-झाम के जनता के व्यापक तबकों के बीच ले जाया जा सके। ऐसे हालात में हमारी ज़रूरत और तलाश ने जिस प्रयोग की शक्ल धारण की, वही हमारे लिए नुक्कड़-नाटक बन गया। एक जुमले में कहूँ तो हमारे नुक्कड़-नाटक का जन्म हमारे विशिष्ट हालात और हमारी ख़ास ज़रूरतों से ही हुआ। जहाँ तक प्रेरणा का सवाल है, आप कह सकते हैं कि मेहनतकश तबके के जनवादी संघर्षों से जुड़ने की इच्छा ही हमारी प्रेरणा थी।

प्रश्न : नुक्कड़-नाटकों की बढ़ती लोकप्रियता के पीछे कौन-से मुख्य कारण हैं ?

उत्तर : सबसे पहला कारण तो यह है कि नुक्कड़-रंगकर्मियों में से ज़्यादातर ने जनता के उस तबके से जुड़ने की सचेत कोशिश की है जिसको कि आज तक रंगकर्मियों ने नज़रअंदाज़ किया था। यह कोशिश अपने-आपमें एक विचारधारात्मक समझ

से आती है। दूसरा कारण है कि मेहनतकश वर्ग के विभिन्न हिस्सों के बढ़ते जनवादी संगठनों ने एक नई गुणात्मक स्थिति पैदा की, जिससे एक जनवादी नाट्य-आंदोलन की ज़रूरत भी पैदा हुई। नुक्कड़-रंगकर्मियों ने इस ज़रूरत को पहचाना और इस दिशा में अपना विकास किया। एक और कारण है हमारे समाज में व्याप्त एक बहुत बड़ा सांस्कृतिक शून्य। जहाँ कुछ नहीं था वहाँ अब नुक्कड़-नाटक है और संस्कृति की भूखी जनता ने उसका गर्मजोशी से स्वागत किया है। फिर यह भी देखना होगा कि बहुधा नुक्कड़-नाटक मंडलियों ने आम जनता की रोज़मर्रा की समस्याओं को उठाया है, जिसकी वजह से वे जनता के बीच में लोकप्रिय हुई हैं। और मेरे खयाल में नुक्कड़-नाटकों की जीवंतता और उनका अनौपचारिक रूप भी उनकी लोकप्रियता बढ़ाने में बहुत सहायक हुआ है।

प्रश्न : अक्सर सुनने में आता है कि क्यूँकि नुक्कड़-नाटकों की प्रस्तुति आकस्मिक होती है, पहले से इनकी सूचना दर्शकों तक नहीं पहुँचती, इसलिए लोग इन्हें गंभीरता से नहीं लेते, हँस-हँसा के चले जाते हैं।

उत्तर : प्रस्तुति की पूर्व सूचना पाकर जो दर्शक हॉल में खामोशी से बैठकर नाटक देखते हैं और बाद में सभ्य ढंग से ताली बजाते हैं उनकी प्रतिक्रिया को गंभीर मानना बहुत बड़ी ख़ुशफहमी है, ख़ासतौर पर जब हम उन नाटकों पर भी नज़र डाल लें जिन्हें देखकर दर्शक़ ऐसी 'गंभीर प्रतिक्रिया' व्यक्त करते हैं। प्रेक्षागृह में नाटक देखनेवाले सभ्य दर्शक के मानसिक आतंक और उसके बँधे-बँधाए संस्कारों को 'गंभीरता' मान लेना एक भूल है। इसके विपरीत राह चलता मज़दूर या कर्मचारी अचानक चौराहे पर रुककर अपनी ज़िंदगी की बहुत बुनियादी समस्याओं और संघर्षों पर खेला जा रहा नाटक देखकर जब 'हँसता-हँसाता' है तो वह एक गंभीर काम कर रहा होता है। अपना समय अपनी मर्ज़ी से देकर अपनी हँसी के द्वारा वह अपने दुश्मनों पर आघात करता है, एक अनौपचारिक सामाजिक गतिविधि में हिस्सेदार बनता है। हमारी ऐसी ही आकस्मिक प्रस्तुतियों के बाद दर्शकों का एक दूसरे से और अभिनेता-अभिनेत्रियों से गर्म बहसों और विवादों में उलझ जाना कोई अपरिचित घटना नहीं है। यह ऐसे अनुभव नुक्कड़-नाटकों के दर्शक की गंभीर प्रतिक्रिया के सूचक नहीं तो क्या हैं?

फिर किसी भी नाटक का गंभीरता से लिया जाना, उसकी पूर्व सूचना जैसी बातों पर नहीं, उसके कथ्य पर, उसके सत्य पर निर्भर करता है।

प्रश्न : नुक्कड़-नाटक करनेवाले कौन लोग हैं? क्या उनको कोई आर्थिक सहायता भी मिलती है।

उत्तर : हमारे ग्रुप के सभी कलाकार नौकरीपेशा, घर-गृहस्थीवाले लोग हैं। नाटक इनका पेशा नहीं, इससे उन्हें कोई आमदनी नहीं होती। नाटक करना अपने सामाजिक उत्तरदायित्व को निभाने का माध्यम है उनके लिए, जिसके जरिए वह जनता में सामाजिक चेतना फैलाने का काम करते हैं।

हमारे ग्रुप को कहीं से आर्थिक सहायता नहीं मिलती। यूँ भी नुक्कड़-नाटकों में खर्चा न के बराबर होता है। फिर भी हम नाटक खेलने के बाद दर्शकों से चंदा इकट्ठा करते हैं, जिससे इतना पैसा आ जाता है कि हमारे ग्रुप का सफ़र-खर्च और स्क्रिप्टों की टाईपिंग आदि के खर्चे आराम से पूरे हो जाते हैं।

प्रश्न : 'जन-नाट्य मंच' अब तक कितने नाटक खेल चुका है?

उत्तर : अक्तूबर 1978 में 'जनम' ने नुक्कड़-नाटक खेलना शुरू किया। तब से हम 16 नाटकों के 3000 से ज़्यादा शो कर चुके हैं, जिन्हें लगभग 20 लाख दर्शकों ने देखा है।

प्रश्न : नुक्कड़-नाटकों का हिंदी रंगमंच पर क्या प्रभाव पड़ा है?

उत्तर : नुक्कड़-नाटकों ने अभी एक व्यापक आंदोलन की शक्ल नहीं ली है, अलग-अलग क्षेत्रों में इसका विकास भी समान रूप से नहीं हुआ है। बल्कि मैं तो यह भी कहूँगा कि नुक्कड़-नाटक अभी साफ़ तौर पर एक सांस्कृतिक धारा के रूप में उभरकर भी नहीं आया है। ऐसी हालत में हिंदी रंगमंच पर इसके प्रभाव पड़ने का सवाल अभी नहीं उठता। लेकिन हाँ, मेरी यह राय है कि आनेवाले सालों में नुक्कड़-नाटक का बहुत विकास होगा और यह भारतीय रंगमंच की एक प्रमुख और महत्त्वपूर्ण धारा के रूप में सामने आएगा। ऐसे में उसका प्रभाव साहित्य के हर क्षेत्र पर पड़ेगा, रंगमंच भी उससे अछूता नहीं रहेगा।

आदर्श-वाक्य

क्या अँधेरे समय में भी
गाया जाएगा ?
हाँ, गाया जाएगा तब भी,
अँधेरे समय के बारे में।

बर्तोल्त ब्रेष्त

अंग्रेजी से अनुवाद : प्रयाग शुक्ल

पढ़ना-लिखना सीखो

पढ़ना-लिखना सीखो ओ मेहनत करनेवालो
पढ़ना-लिखना सीखो ओ भूख से मरनेवालो
क ख ग घ को पहचानो
अलिफ को पढ़ना सीखो।
अ आ इ ई को हथियार
बनाकर लड़ना सीखो।

ओ सड़क बनानेवालो, ओ भवन उठानेवालो
खुद अपनी किस्मत का फैसला अगर तुम्हें करना है
ओ बोझा ढोनेवालो, ओ रेल चलानेवालो
अगर देश की बागडोर को कब्जे में करना है

क ख ग घ को पहचानो
अलिफ को पढ़ना सीखो।
अ आ इ ई को हथियार
बनाकर लडना सीखो।

पूछो, मजदूरी की ख़ातिर लोग भटकते क्यों हैं ?
पढ़ो, तुम्हारी सूखी रोटी गिद्ध लपकते क्यों हैं ?
पूछो, माँ-बहनों पर यों बदमाश झपटते क्यों हैं ?
पढ़ो, तुम्हारी मेहनत का फल सेठ गटकते क्यों हैं ?

पढ़ो, लिखा है दीवारों पर मेहनतकश का नारा
पढ़ो, पोस्टर क्या कहता है, वो भी दोस्त तुम्हारा
पढ़ो, अगर अंधे विश्वासों से पाना छुटकारा
पढ़ो, किताबें कहती हैं—सारा संसार तुम्हारा

पढ़ो, कि हर मेहनतकश को उसका हक़ दिलवाना है
पढ़ो, अगर इस देश को अपने ढंग से चलवाना है

क ख ग घ को पहचानो
अलिफ को पढ़ना सीखो।
अ आ इ ई को हथियार
बनाकर लड़ना सीखो।

यौम-ए-मई

हवा के दामन-ए-आतिश से पोंछ पेशानी
सफेद शहर की ख़ामोश शाहराहों पर
निकल पड़ा है अचानक जुलूस-ए-यौम-ए-मई
के जैसे सूखे कमेटी के नल से चार बजे
टपकने लगते हैं क़तरे प्यासी ईंटों पर!

1. 5. 83

आज़ादी

कल ही शाम को शर्माजी ने
टोपी नई खरीदी
घर पर टी वी देख रहे हैं
पापा, मम्मी, दीदी

लालकिले के आसपास है
आज़ादी का मेला
सबसे ऊपर नाच रहा है
झंडा एक अकेला

कदम मिलाते, बैंड बजाते
फौजी आते-जाते
पूरे लॉन में बच्चे-बूढ़े
चने-मुरमुरे खाते

सब ही कहते आज के दिन
आज़ाद हुआ था देश
आज के दिन ही अंग्रेजों का
राज हुआ था शेष

अपनी तो कुछ समझ न आए
आजादी और देश
हम तो छत से देख रहे हैं
पतंग-पतंग के पेच

हमसे कोई पूछे, ''बच्चो!
आज़ादी क्या होती है?''
हम कह देंगे, ''उस दिन सबकी
पूरी छुट्टी होती है।''

—अगस्त, 1982

किताबें

किताबें करती है बातें
बीते जमानों की
दुनिया की, इंसानों की
आज की, कल की
एक-एक पल की
खुशियों की, ग़मों की
फूलों की, बमों की
जीत की, हार की
प्यार की, मार की
क्या तुम नहीं सुनोगे
इन किताबों की बातें?

किताबें कुछ कहना चाहती हैं
तुम्हारे पास रहना चाहती हैं
किताबों में चिड़ियाँ चहचहाती हैं
किताबों में खेतियाँ लहलहाती हैं
किताबों में झरने गुनगुनाते हैं
परियों के किस्से सुनाते हैं
किताबों में साइंस की आवाज है
किताबों का कितना बड़ा संसार है
किताबों में ज्ञान की भरमार है

क्या तुम इस संसार में
नहीं जाना चाहोगे?

किताबें कुछ कहना चाहती हैं
तुम्हारे पास रहना चाहती हैं।

–1988

मैं हूँ रीगन

मैं हूँ रीगन मेरे नाम से दुनिया है थर्राती
मेरे एक इशारे पर ही फौज दौड़ती आती
मेरे नाम का डंका आधी दुनिया में बजता है
आधी दुनिया मेरे ही सरगम के तराने गाती
अमरीका जिंदाबाद ! अमरीका जिंदाबाद !!

कोका कोला, टूथपेस्ट और टेलीविज़न बेचूँ
दुनिया-भर में कारोबार है, ढेर मुनाफा खेचूँ
कठपुतली सरकारें मेरे आगे-पीछे नाचें
घोड़े-गदहे-टट्टू करते ढेचूँ-ढेचूँ
अमरीका जिंदाबाद ! अमरीका जिंदाबाद !!

—'जंग के खतरे' नाटक से

दो गीत

1

इक खेत में जन्मा था मैं मेहनत की आग से
मेहनत के और धरती के सुंदर सुहाग से
काटा मुझे किसान ने फिर खेत से इक दिन
मंडी में लाके छोड़ दिया खेत से इक दिन
सेठों ने मेरा भाव किया कौड़ियों के दाम
पल्ले में दो किसान के आए फकत छदाम
उस दिन से जो शुरू हुआ लंबा सफर जनाब
बेचे-खरीदे मुझको बस इतने बशर जनाब
दिन-दूने रात-चौगुने बढ़ते ही गए दाम
दल्लाल-दर-दल्लाल बस बढ़ते ही गए दाम
इक दिन खरीदकर इसी लाले ने मुझको जी
गोदाम में जकड़ दिया साले ने मुझको जी
अब आया हूँ बाहर तो है बस ये ही तमन्ना
दौलत की इस जकड़ से मैं आजाद रहूँगा
मेहनत की मैं औलाद हूँ मेहनत की देन हूँ
मेहनतकशों की बस्ती में आबाद रहूँगा।

2

खोलो दरवाज़ा सेठ जी, खोलो दरवाज़ा
सेठ जी, ओ सेठ जी, खोलो तो दरवाज़ा

चना-चबेना कुछ तो दे दो, कुछ तो दे दो खाजा
तुम्हीं हमारे अन्न देवता, तुम्हीं हमारे राजा
खोलो दरवाज़ा, सेठ जी, खोलो दरवाज़ा

घर में बच्चे बैन कर रहे बजा-बजा के पेट
खाली है बाबर्चीखाना, खाली पिर्च-पलेट
कुछ तो दे दो, मौत नहीं फिर लेगी हमें समेट
खोलो, दरवाज़ा सेठ जी, खोलो दरवाज़ा

सुबह-सुबह आ गए रैंकने, नहीं तुम्हें कुछ काम
पल भी तो करने न देते बंदे को आराम
तोतों-जैसा रट रखा है सिरफ़ यही पैग़ाम
खोलो दरवाज़ा, सेठ जी , खोलो दरवाज़ा
खोलो दरवाज़ा सेठ जी, खोलो दरवाज़ा !

—'समरथ को नहिं दोष गुसाईं' नाटक से

बच्चों के लिए

समरसिंह थे बहुत अकड़ते—" 'छोटी' कितनी छोटी,
मैं हूँ आलूभरा पराठा, 'छोटी' पतली रोटी,
मैं लंबा और मोटा तगड़ा, 'छोटी' पतली दुबली
मैं मोटा पटसन का रस्सा, 'छोटी' कच्ची सुतली।"
लेकिन जब बैठे 'सी-सॉ' पर होश ठिकाने आए
'छोटी' जा पहुँची चोटी पर, समरसिंह चकराए।

औरत

वह समाज जो कर न सके हर औरत का सम्मान,
जिस समाज में बसते हों वहशी-जैसे इंसान

जिस समाज में माँ-बहनों की इज्जत बिक जाती हो,
जहाँ नजर हर गुंडे की औरत पर टिक जाती हो।

जहाँ की कोर्ट-कचहरी पुलिस-हकूमत सब बहरी हो,
जिस समाज का संविधान जैसे दलदल गहरी हो।

जहाँ नहीं औरत को सड़क पे चलने की आजादी,
भूखी, नंगी, बेघर, बेबस जहाँ की हो आबादी।

जहाँ फकत दो-चार लोग अपनी ताकत के बल पे,
रख दें हर नारी को अपने पैरों तले कुचल के।

उस समाज का बहिष्कार अब कर देगा इंसान,
माँ-बहनों को मिल पाएगा दुनिया में सम्मान।

कल की सुबह अनोखी होगी कल की शाम निराली,
नाचेगी औरत के मन में खेतों की हरियाली।

इस सबको सच करने की अब ली है मन में ठान,
मिलकर कदम बढ़े हैं अब पूरे होंगे अरमान।

औरतें उट्ठी नहीं तो···

दयोराला की छाती से धुआँ अभी तक उठता है
रूपकँवर के चीत्कार को आज भी भारत सुनता है
राख अभी है गर्म चिता की, अभी तलक झुलसाती है
सतीस्थल से आज भी जलते मांस की बदबू आती है

आसमान पर गिद्ध धर्म के आज तलक मँडराते हैं
अंधे विश्वासों के साए अंधकार गहराते हैं
जिंदा राख बदन पर मलकर मठाधीश गुर्राते हैं
नारी को यूँ स्वाहा करके फूले नहीं समाते हैं

आज मैं आपको बताना चाहती हूँ कि हमारे इस सड़े-गले समाज में औरत का क्या दर्जा है, कैसे उसे दबाया जाता है। धर्म और शास्त्रों के ठेकेदार कहते हैं—

कि लाज है औरत का गहना
उसकी शोभा है चुप रहना
कि औरत पैर की जूती है
चाहिए उसको सब सहना
कि उसकी नहीं हैसियत कुछ
वो माँ, बेटी, पत्नी, बहना

यही नहीं, वो तो ये भी कहते हैं—

कि औरत बोझा होती है
वो दिन-भर घर में सोती है
कि औरत मुफ़्त का खाती है
नहीं कुछ घर में लाती है

अच्छा! औरत मुफ्त का खाती है? नहीं कुछ घर में लाती है? तो सुनो, कान खोल के—

ये औरत तुम्हें सुनाती है
सही इतिहास बताती है
कि औरत करती है क्या-क्या
सही तस्वीर दिखाती है

खेत में करतीं नलाई और गुड़ाई है
ये लहराती फसल मर्दों के सँग उसने उगाई है
वो बच्चे पालती है, साथ में रोटी कमाती है
कड़ी मेहनत के बल पर चार पैसे घर में लाती है

वो पत्थर तोड़ती है, धूप में सड़कें बनाती है
गगनचुम्बी इमारत नींव से ऊपर उठाती है
वो मिल में काम करती है, मशीनें भी चलाती है
वो सब्जी बेचने को ठोकरें दर-दर की खाती है

वो बच्चों को पढ़ाती है, किसी लायक बनाती है
मरीज़ों के लिए राहत की देवी बनके आती है
वकालत भी वो करती है, मुकदमे भी जिताती है
वो पूरे देश को ताज़ा-तरीं खबरें सुनाती है

वो हर सुंदर कला को और भी सुंदर बनाती है
वो अपने देश के परचम को इज़्ज़त भी दिलाती है
गरज मर्दों की तरह रात-दिन मेहनत वो करती है
मगर फिर भी न कुछ करने की तोहमत उसपे लगती है

वो है मेहनत की देवी, आलसी फिर भी कहाती है
वो है बलवान पर दुनिया उसे अबला बताती है
उसे कमजोर कहती है, उसे नीचा दिखाती है
सताती है, रुलाती है, उसे जिंदा जलाती है

वो उसकी जिंदगी को नर्क से बदतर बनाती है
हजारों बंदिशों के रात-दिन पहरे बिठाती है···

औरतें उट्ठी नहीं तो जुल्म बढ़ता जाएगा
जुल्म करनेवाला सीनाजोर बनता जाएगा
देखो इन महिलाओं को जो आ गई हैं सामने
इनके सँग मिल जाओ तो सैलाब रुक न पाएगा

दिल में जो डर का किला है, तोड़ दो अंदर से तुम
एक ही धक्के में अपने आप यह ढह जाएगा
आओ मिलकर हम बढ़ें, अधिकार अपने छीन लें
काफिला अब चल पड़ा है, अब न रोका जाएगा।

–दिवराला सती कांड से संबद्ध 'द बर्निंग एम्बर्स' नामक डाक्यूमेंटरी फिल्म के लिए लिखा गया गीत।

खिलती कलियाँ

प्रथम भाग

हर ख़ासो-आम ग़ौर से सुनना ये कहानी,
औरत की कहानी है ये औरत की ज़ुबानी।

औरत न हो तो कौन नलाई करे भला,
खुर्पी लगाए कौन, गुड़ाई करे भला?
फिर धान रोपने का नहीं आदमी में दम,
औरत न हो तो उसके निकल जाएँ सारे ख़म।

औरत बगैर फ़स्ल है दुश्वार उगानी,
औरत की कहानी है ये औरत की ज़ुबानी।

औरत न हो तो घर में अँधेरा रहे सदा,
चूल्हा न जले भूख का डेरा रहे सदा।
बच्चे अनाथ डोलें तो बूढ़े रहें पड़े,
डंगर-मवेशियों के भी बाड़े रहें सड़े।

औरत न हो तो जिंदगी दूभर है चलानी,
औरत की कहानी है ये औरत की ज़ुबानी।

दूसरा भाग

छोटा है तो डर काहे का, तुझसे तो डरता संसार।
मानुस तेरी आँखें दो हैं लेकिन देखे चीज़ हज़ार।।

फूल-पत्तियों को पहचाने, पहचाने हर क्यारी को
हर सब्ज़ी के स्वाद को जाने खट्टे-मीठे, खारी को

इंद्रधनुष के रंगों को जाने, जाने नर और नारी को

दुनिया में लाखों चीज़ें हैं, लाखों का तू करे शुमार।
मानुस तेरी आँखें दो हैं लेकिन देखे चीज हजार।।

चिड्डों, चिड़ियों, दोपायों, चौपायों को तू पहचाने
गाँव-शहर की गली-गली, चौराहों को तू पहचाने
मंदिर-मस्जिद, गिरजाओं, गुरद्वारों को तू पहचाने
दुनिया में लाखों चीज़ें हैं, लाखों का तू करे शुमार।
मानुस तेरी आँखें दो हैं लेकिन देखे चीज़ हजार।।

पाँचवाँ भाग

दूल्हा राजा आएगा बैंड बाजा लाएगा
सखियाँ गाने गाएँगी मुझको खूब सजाएँगी
डोली पे चढ़ जाऊँगी सैंया के मन भाऊँगी...

साम के पैर दबाएगी ससुर की गाली खाएगी
दिन-भर रोटी सेंकेगी सबको खाते देखेगी
पिया की झूठन खाएगी भूखी ही सो जाएगी।

जो अपने माँ-बाप के घर में कन्या होकर के जन्माए।
नहीं भाग में उसके बचपन, उसे नहीं कुछ सुख मिल पाए।।
माता हो बीमार तो रोटी बिटिया रानी से सिकवाए।
बाप-भाई को भूख लगी है, बेटी ही कुछ करे उपाय।।
चौका पोते, चूल्हा पोते, पूरे घर को दे चमकाए।
झाड़ू-पोंछा करते-करते बेचारी दोहरी हो जाए।।
कपड़े रगड़े, लत्ते रगड़े, धो-धोकर दे ढेर लगाए।
नहीं एक पल को भी फ़ुर्सत, कमर नहीं सीधी हो पाए।।
सुबह से लेकर साम तलक वो दस-दस मटके भरकर लाए।
सबकी प्यास बुझाए लेकिन ख़ुद तो प्यासी ही रह जाए।।

सत्रहवाँ भाग

मुन्नी की तिकोनी रोज-रोज धोनी
नरम मुलायम लत्ता जैसे कोमल पत्ता।

मुन्ने का हिंडोला हवा लगी तो डोला
अब्बा ने बनाया अम्माँ ने झुलाया।
मुन्नी की चादरिया झबला और चुनरिया
अम्माँ ने बनाई मुन्नी के मन भाई।

थीम सांग

पढ़-लिख के ही किस्मत को बदल पाएगी औरत
पढ़-लिख के साथ मर्द के चल पाएगी औरत।
औरत जो पढ़ गई तो वो दबकर न रहेगी।
हरगिज न इस समाज के ज़ुल्मों को सहेगी।
पढ़ने के हक को पाने की औरत ने है ठानी···

—प्रौढ़ शिक्षा कार्यक्रम के अंतर्गत 'यूनिसेफ' के लिए यू. जी. सी. द्वारा तैयार फिल्म 'खिलती कलियाँ' के लिए लिखे गए कुछ गीत।

आओ, ए पर्दानशीं

एक पर्दानशीं, मुफ़लिसी में फँसी
और नवेली दुल्हन की है ये दास्ताँ
जिसके ख़ाविंद ने उस पे ढाया सितम
उस नवेली दुल्हन का करूँ मैं बयाँ

उसके ख़ाविंद ने उससे इक दिन कहा
मुफ़लिसी में घिरा हूँ मैं कुछ इस तरह
या तो अब्बा से अपने कहो कुछ करे
वरना करने लगा हूँ मैं दूजा निकाह

मैं तो समझा था कि तुम लेके जहेज़ आओगी
साथ में मोटी रक़म अपने बाँध लाओगी
करके सौदा तुम्हारे गहनों का
कोई धंधा खड़ा मैं कर लूँगा

तुम तो पर खाली हाथ आई हो
सिर्फ दो जोड़े साथ लाई हो
मेरे ऊपर तो फ़क़त बोझ हो तुम
इक सहारा नहीं हो बोझ हो तुम

इसलिए ध्यान से सुन लो अब मेरी जाँ
मुझको कोई तुम्हारी ज़रूरत नहीं
आ रहे हैं अभी मौलवी जी यहाँ
मेरे रास्ते में कोई रुकावट नहीं

खा के इस तरह ठोकरे-शौहर
आ गई वो बेचारी सड़कों पर

कोसती अपने नसीबों को हज़ार
आ के पहुँची वो अपनी माँ के द्वार

अम्माँ-अब्बा हुए बहुत नाराज़
उसको समझाया ये मज़हब का राज़
तेरे शौहर को हक़ है यह सुन ले
चाहे तो चार वह निकाह कर ले

तेरा तो फ़र्ज़ है कि सब सह ले
अपनी सौतन के संग-संग रह ले
लौटकर के जो यहाँ आएगी
रोटियाँ हम से छीन खाएगी

भाई-भाभी भी उससे यह बोले
लौट जा और अपनी राह हो ले
ऐसी बातें सुनीं, सुन के दंग रह गई
सर झुका के कहा अब मैं जाऊँ कहाँ

जिसके ख़ाविंद ने उस पे ढाया सितम
उस नवेली दुल्हन की है ये दास्ताँ

ज़िंदगी घर में ही बिताई थी
(एक अक्षर भी पढ़ न पाई थी)
कभी सीखा नहीं था कोई हुनर
सोचा था घर में ही कटेगी उमर

अब पड़ी उस पे आके वक्त की मार
हो गई इस जहाँ से वो बेज़ार
तभी उससे कहा किसी ने ये
क्यूँ ना तू न्याय की शरण ले ले

ठोकरें खाती पहुँची जज के पास
बोली, आक़ा करें मेरा इन्साफ़
जज ने जब पूरी उसकी बात सुनी
बोला, किस दुनिया में हो तुम रहती

मर्द को अब सज़ा नहीं मिलती
औरतों की नहीं है कुछ चलती
दे दे मुस्लिम मरद अगर कि तलाक़
बीवी-बच्चों को कर दे इक दिन आक़

अब तो क़ानून नया आया है
नई सरकार ने बनाया है...

बोली वो, यह तो है मज़हब के ख़िलाफ़
हर नज़र से तो यह है नाइन्साफ़
यह तो क़ुरआन में ही आया है
फ़र्ज़े-शौहर उसे बनाया है

बीवी को गर तलाक़ दे भी दे
उसकी रोटी का पूरा ख़र्चा दे

जज ये बोला ज़रा मेरी सुन ले
तू यह बातें तो जा के उससे कह
जिस ने सरकार से मिलाकर हाथ
काट डाले हैं तेरे दोनों हाथ

बनते हैं दीन के जो ठेकेदार
पूरी मिल्लत के वोट के हक़दार
उन्हीं से जा के पूछ ऐ बेटी
क्यूँ करी दीन से ये गद्दारी

उस ने जब ये सुना, सुन के उसको लगा
अब नहीं मेरा दुनिया में कोई बचा
ना मैं शौहर की हूँ, ना माँ-बाप की
ना ही मज़हब की मुझको मिलेगी दया

तभी उसने ये देखा नज़्ज़ारा
और कानों में पड़ा इक नारा—
औरतें अब नहीं रहीं कमज़ोर
उनकी आवाज़ भी बनी पुरज़ोर

दक़ियानूसी उसूल तोड़ेंगे
इस ग़ुलामी की चूल तोड़ेंगे
औरतों का जुलूस आता था
गर्म सड़कों पे बढ़ता जाता था

उसको ऐसा लगा कि यह बहनें
उसको आवाज़ दे बुलाती हैं
आओ ऐ पर्दा-नशीनो आओ
अपनी बहनों की सफ़ में आ जाओ

ऐसे ज़ुल्मो-सितम से लड़ना है
इसको जड़ से तमाम करना है
अपने दिल से सुनी जो ये आवाज़
धीरे-धीरे वो आई उनके पास

और उनकी सफ़ों में जा पहुँची
अपनी मंज़िल पे जैसे आ पहुँची
उसको दुनिया से लड़ने की ताक़त मिली
मिल गया जैसे उसको नया ही जहाँ

जिसके ख़ाविंद ने उसपे ढाया सितम
उस नवेली दुल्हन की है ये दास्ताँ।

—'मुस्लिम महिला विधेयक' के संदर्भ में 'इन सेक्यूलर इंडिया' नामक डाक्यूमेंटरी फिल्म के लिए लिखी गई नज़्म।

रोग पुराण

ये सूखे बदन और ये बीमार बचपन
जवाँ हैं अपाहिज, बुढ़ापा अजीरन
ये भारत की जनता, ये जनता का जीवन
है कैसा ये जीवन जरा ये बताओ।

ये बच्चे नहीं जिनको रोटी मयस्सर
ये महिलाएँ भूखी रहें जो उमर-भर
जो मज़दूर मेहनत करें भूखे रहकर
ये बीमार क्यूँ न पड़ें ये बताओ।

ये नाली में बहती हुई जो लहर है
ये पानी नहीं, इसको पीना ज़हर है
मगर इस पे जीता यहाँ हर बशर है
ये पीकर जिएँ कैसे हमको बताओ।

ये कीचड़, ये दलदल, ये घूरे, ये नाले
ये इंसाँ को ज़िंदा निगल जानेवाले
ये घर ऐसे हैं जैसे मकड़ी के जाले
जिएँ इनमें कैसे ये हमको बताओ।

यहाँ साँस लेने को तरसे है बचपन
यहाँ ज़िंदा कहने को तरसे है बचपन
यहाँ एक टीके को तरसे है बचपन
है बचपन ये कैसा हमें ये बताओ

जो रोगों को नारो से चाहें भगाना
उन्हें जा के ये राज कोई बताना
कि पहले गरीबी पड़ेगी हटाना
उठो जाके ये बात उनको बताओ।

बराबर का उपचार सब को दिलाना
दवाओं को जनता की खिदमत में लाना
गरीबों के नजदीक विज्ञान जाना
उठो जाके ये बात उनको बताओ।

—डी. एस. एफ. के लिए निर्मित 'रोग पुराण' नामक डाक्यूमेंटरी फिल्म के लिए लिखा गया एक गीत।

इक दिन क्या सूझी हिटलर को

इक दिन हिटलर ने फ़रमाया फ़तह करो पोलैंड
बजा दो उनकी सरहद पर तुम अपना फ़ौजी बैंड
लिए टैंक और बमवर्षक हमने जो व्यूह रचाया
दो हफ़्ते की जंग में पूरा उसका किया सफ़ाया

कि रब्बा घर पहुँचा दे
सलामत घर पहुँचा दे
कि अब तो घर पहुँचा दे
सलामत घर पहुँचा दे

इक दिन हिटलर यूँ ग़ुर्राया, "फ्रांस की है अब बारी
लेकिन उससे पहले कर दो नॉर्वे पर बमबारी"
लिए टैंक और बमवर्षक हमने जो व्यूह रचाया
दो हफ़्ते की जंग में पूरा उनका किया सफ़ाया

कि रब्बा घर पहुँचा दे
सलामत घर पहुँचा दे

इक दिन क्या सूझी हिटलर को बोला, "रूस बचा है,
सबको रौंदा है, रौंदो इसको भी, डर कैसा है।"
लिए टैंक और बमवर्षक कितने ही व्यूह रचाए
लेकिन दो बरसों में भी हम उनको हरा न पाए

आज भी वहीं फँसे हैं
ओ रब्बा वहीं फँसे हैं

तू आ के हमें बचा ले
ओ रब्बा घर पहुँचा दे
कि जिंदा घर पहुँचा दे
ओ रब्बा हमें बचा ले।

—ब्रेख़्त के एक गीत का अनुवाद।

ज़िंदगी के गीत गाएँ

हम सब इस जहान में ज़िंदगी के गीत गाएँ
मुक्ति के गीत गाएँ, गीत गाएँ।
गीतों से आँधियाँ मचल उठें, लाल फूल हर तरफ खिल उठें।

नगमों से डरके मौत भाग जाए
सुनके सुर ज़िंदगी सुराग पाए।
रात में चिराग आशा का जले, इस जहाँ में हवा वो गीत गाए जाएँ।

भंग निराशा का करें जो अंधकार
मौत के जो तोड़ दें कारागार।
कारवाने-आज़ादी में आ मिलें, शोषितों के प्राण मिल के संग चलें।

एकता औ मित्रता के गीत गाएँ
इस जहाँ में हम सदा ही गाए जाएँ।

—प. बंगाल 'इप्टा' के गीत का अनुवाद।

और मैंने बराबर यह सोचा

और मैंने बराबर यह सोचा कि
काफी होंगे सरलतम शब्द।
जब मैं कहूँगा कि हालत
हो गई है क्या चीजों की,
छलनी हो जाएंगे सबके हृदय।
कि अगर तुम खड़े नहीं होगे
अपने लिए तो
भहरा जाओगे!

निश्चय ही तुम समझ सकते हो यह।

बर्तोल्त ब्रेष्त

अंग्रेजी से अनुवाद : प्रयाग शुक्ल

हल्ला बोल

[एक पात्र नारे शुरू करता है। बाकी मज़दूर लाल झंडा उठाए जलूस की शक्ल में उसके पीछे चलते हैं और नारे लगाते हैं।]

सूत्रधार : बोल मजूरे हल्ला बोल, हल्ला बोल-हल्ला बोल···

गाना : हर जोर-जुलुम की टक्कर में संघर्ष हमारा नारा है
अभी तो ये अँगड़ाई है, आगे और लड़ाई है।
दम है कितना दमन में तेरे, देख लिया और देखेंगे।
जगह है कितनी जेल में तेरे, देख लिया और देखेंगे।

[एक अभिनेता उठकर उनका रास्ता रोकता है। उसके सिर पर पुलिस कैप और हाथ में डंडा है।]

पुलिस : ठहरो ! ठहरो ! मैं कहता हूँ चुप हो जाओ।

[सब चुप होते हैं। सूत्रधार पुलिस से बेख़बर गाता रहता है। पुलिसवाला उसके पीछे चलता है।]

पुलिस : अबे सुनी नहीं? मैं क्या कह रहा हूँ। अबे ओ क्रांतिकारी, चुप हो जा। ऐसे नहीं मानेगा। (*डंडा रसीद करता है*) क्यों बे, ये क्या हो रहा है?

सूत्रधार : ड्रामा कर रहे हैं।

पुलिस : डिरामा ! साले हमें चूतिया समझता है?

सूत्रधार : नहीं तो।

पुलिस : फिर?

सूत्रधार : फिर क्या?

सब : फिर क्या?

पुलिस : डिरामा ऐसे किया जाता है? (*हाथ हिलाता है*) नारे लगा के, लाल झंडे उठा के, हाथ में पोस्टर ले के। भागो यहाँ से सालो, नहीं तो सबको हवालात में डाल दूँगा।

सूत्रधार : (*हँसता है*) आप यकीन मानिए हम ड्रामा ही कर रहे हैं। आप पूछ लीजिए इन लोगों से। अरे हवलदार सा'

ब, हम सब कलाकार हैं। जन नाट्य मंच के कलाकार।

सब : हाँ, जन नाट्य मंच आफ इंटरनेशनल फेम!

[*सभी पात्र पुलिसवाले को समझाते हैं।*]

पुलिस : अच्छा, अच्छा, तो डिरामा कर रहे थे।

सब : जी हाँ।

पुलिस : तो करो, साबास। पर जरा बढ़िया-सा।

सूत्रधार : तो आप एक तरफ हो जाइए। हम अभी शुरू करते हैं। चलो भई (*फिर नारा लगाता है, गाना शुरू होता है*) इन्कलाब जिंदाबाद, सीटू जिंदाबाद…

पुलिस : ओय, ओय, ये क्या हो रहा है? डिरामा कर डिरामा। ये नारे-वारे नहीं चलेंगे।

सूत्रधार : पर हमारे ड्रामे में तो ऐसा ही होता है।

पुलिस : तुम्हारे डिरामे में होता होगा। हमारे इलाके में नहीं होता। सात दिन वाली हड़ताल के टैम से ही सख्ती के आडर आ गए हैं। एस. एच. ओ. सा'ब का आडर है कि जो साला सीटू का नाम लेता दिखे, फौरन हवालात में डाल दो। बाद में पूछो कि क्या माँगता है।

सूत्रधार : पर हमारे ड्रामे में तो नारे लगाने ही पड़ेंगे।

सब : पर हमें तो अपने ड्रामे में नारा लगाना पड़ेगा हवलदार सा'ब!

पुलिस : (*चिल्लाता है*) न, मेरे इलाके में ये सब नहीं चलेगा।

सूत्रधार : फिर?

पुलिस : फिर क्या?

सूत्रधार : फिर हम ड्रामा कैसे करें?

पुलिस : अबे जैसे डिरामा किया जाता है, और कैसे! कोई प्यार-मुहब्बत का, आसिक-महबूबा का खेल दिखाओ, कुछ नाच-गाना हो, हँसी-मजाक हो। कुछ ये हो, कुछ वो हो। (*हवलदार एक अभिनेत्री की तरफ बढ़ते हुए बोलता है*) क्या समझे?

सूत्रधार : समझ गया।

पुलिस : क्या?

सूत्रधार : आसिक-मासूका का नाटक?

पुलिस : हाँ।

सूत्रधार : नारे नहीं?

पुलिस : नारे नहीं ।

सूत्रधार : अच्छा ठीक है । जैसा आपका हुकुम, हम आपको आशिक-माशूकावाला ही नाटक दिखाएँगे । तो साथियो, हवलदार सा'ब नारोंवाला इन्कलाबी नाटक तो करने की इजाजत देते नहीं, इसलिए हम आपको प्यार-मुहब्बत का नाटक दिखाते हैं ।

[सारे पात्र आपस में बात करते हैं । फिर इधर-उधर फैल जाते हैं । संगीत शुरू होता है । एक बाग में आशिक- माशूका नाच-खेल रहे हैं ।]

कोरस : आ मेरे हमजोली आ
खेलें आँख-मिचोली आ
गलियों में चौबारों में
बागों में बहारों में···

[जोगी/अश्शो आँख-मिचोली खेलते हैं ।]

आशिक : मैं आऊँ ?

माशूका : न, न ।

आशिक : मैं आऊँ ?

माशूका : न, न ।

आशिक : मैं आऊँ ?

माशूका : आ जा···

आशिक : झुग्गी के पीछे जा बैठी
छुपकर मेरी महबूबा
ए···पकड़ी गई···

कोरस : ए पकड़ी गई ।

माशूका : जोगी !

जोगी : हाँ, अश्शो !

अश्शो : तू पिता जी से कब बात करेगा ?

जोगी : बस कुछ दिन और ठहर जा अश्शो !

अश्शो : क्यों ? दो साल तो हो गए तुझे इस तरह कुछ दिन, कुछ दिन करते-करते ।

जोगी : अश्शो, तू समझती क्यों नहीं । अभी मेरी तन्खा इत्ती कम है, तुझे रखूँगा कैसे ।

अश्शो : पर तेरी तन्खा कब बढ़ेगी । पहले तो तू कहता था कि सात दिन की हड़ताल के बाद कुछ पता चलेगा । मुझसे

और इंतजार नहीं होता।

जोगी : देख अश्शो, इत्ती बड़ी हड़ताल हुई है। 13 लाख मजदूरों ने सात दिन चक्का जाम रखा है। देखती नहीं, मालिक कित्ते घबरा गए हैं। बस, अब संघर्ष को और तेज करने की बात है। तू देखियो, अगले झटके में सरकार भी घुटने टेक देगी।

अश्शो : सच्ची ?

जोगी : सच्ची।

अश्शो : ईमान से ?

जोगी : ईमान से।

अश्शो : खा मेरी कसम।

जोगी : तेरी कसम।

अश्शो : बाई गाड ?

जोगी : बाई गाड !

[पुलिसवाले के सामने खड़े हो जाते हैं।]

पुलिस : अबे ओये, ये क्या हो रहा है। सालो, प्यार-मुहब्बत के नाटक में भी सीटू का परचार शुरू कर दिया। ये सब नहीं चलेगा।

सूत्रधार : ओहो, हवलदार सा'ब ! आप भी हद करते हैं। अब हमारा हीरो मजदूर है, सात दिन तक सीटू के झंडे तले इतनी बहादुरी से लड़ा है तो सीटू का नाम नहीं लेगा। और आप किस-किसका मुँह बंद करवाएँगे ? आज तो हर मजदूर की जबान पर सीटू का ही नाम है।

पुलिस : न हमारे इलाके में नहीं लेगा।

सूत्रधार : मतलब ?

पुलिस : मतलब ये कि हमारे इलाके के आसिक को आसिक की तरह रहना होगा। इधर-उधर की हाँकेगा तो साले को हवालात में डाल दूँगा।

सूत्रधार : ठीक है हवलदार साब वो सीटू का नाम नहीं लेगा पर अपनी तन्खाह की बात तो कर सकता है ?

पुलिस : अबे ये आसिक है या मुनीम, जो अपनी मासूका से तन्खाह की बात करता है। इससे कह कि आसिकी करनी हैं तो ठीक से करे और अगर नहीं होता तो मैं दिखाता हूँ कि इसक कैसे किया जाता है !

सूत्रधार : न, न, न, आप तकलीफ न करें। वो कर लेगा। कर लोगे न भई ?

जोगी : हाँ-हाँ, क्यों नहीं।

सूत्रधार : तो भाइयो-बहनो, हम नाटक में फिर थोड़ा परिवर्तन कर रहे हैं। ये तो हवलदार सा'ब की मेहरबानी से सैंसर हो गया। चलो भई फिर से शुरू करो।

अश्शो : जोगी !

जोगी : हाँ, अश्शो !

अश्शो : तू आज पिता जी से बात करेगा न ?

जोगी : हाँ, अश्शो, तुझे जबान दी है तो जरूर करूँगा।

अश्शो : देख घबराइयो नहीं ! जरा डट के बात करियो, जैसे कामरेड नत्थू मैनेजमेंट से करते हैं।

पुलिस : क्या, क्या छोरी ये कामरेड वामरेड कहाँ से आ गया ?

अश्शो : गलती हो गई, सॉरी !···देख घबराइयो नहीं, जरा डट के बात करियो जैसे भगवान राम राजा जनक से बात करते थे।

जोगी : तू फिकर मत कर, मैं तेरे पिता जी को यों, यों अपनी उँगली पर लपेट लूँगा। बस तू देखती जा कि तेरा जोगी किस मिट्टी का बना है।

अश्शो : बाबा, बाबा···

बाबा : अरी कौन मर गया ? क्यों गला फाड़ रही है ?

अश्शो : तुमसे कोई मिलने आया है।

बाबा : कोई लेनदार होगा। कह दे, घर पे नहीं है !

अश्शो : लेनदार नहीं है। कोई और हैं !

[*बाबा व अम्माँ का प्रवेश।*]

बाबा : कौन है ?

[*अश्शो इशारा करती है। बाबा व अम्माँ जोगी की परिक्रमा करते हैं।*]

बाबा : कौन है भई ? मैं तो तुझे पहचानता नहीं (*जोगी चुप*) अबे क्या बात है ? (*जोगी चुप*) गूँगा है क्या ? (*जोगी चुप*) अबे कुछ बोलेगा भी या यों ही सूम-सा खड़ा रहेगा ?

जोगी : जोगी···

बाबा : जोगी ?

जोगी : जोगी, जोगी नाम है मेरा जी ! नहीं, माने जोगिंदर,

माने, नहीं, माने जोगिंदर सिंह, माने जोगी, जोगिंदर, जोगी जोगिंदर…

बाबा : क्या गोभी-चुकंदर गोभी-चुकंदर लगा रखी है। बोल किस काम से आया है?

जोगी : नहीं, माने यूँ ही, बस ऐसे ही, माने टैम पास, माने मैं चलता हूँ।

बाबा : (*गरेबान पकड़ के*) अबे जाता कहाँ है? बोल किस मतलब से आया था? मुझे तो सुसरा कोई चोर-उचक्का लगे!

[*अश्शो जोर से रोती है।*]

बाबा : चुप! अरी तुझे क्या हो गया! हैं?

अश्शो : (*रोते-रोते*) ये चोर नहीं है।

बाबा : तू कैसे जानती है इसे?

अश्शो : (*रोते-रोते, हिचकियों के बीच*) ये… माने जोगी… माने मेरे से… माने तुमसे, माने… अम्मा री

[*अपनी माँ से लिपट जाती है और दोनों रोने लगती हैं।*]

बाबा : अरी क्या माने-माने लगा रखी है। ठीक से बोल।

[*अम्मा बाबा का हाथ खींचकर एक तरफ ले जाती है।*]

अम्मा : तुम भी हद करते हो! खुसफुस-खुसफुस!

बाबा : खुसफुस-खुसफुस!

अम्मा : हाँ! और सुनो, खुसफुस-खुसफुस!

बाबा : खुसफुस-खुसफुस, खुसफुस-खुसफुस! (*जोगी से*) अच्छा! तो ये चक्कर है। तो तूँ मेरी बेटी से शादी करना चाहता है!

जोगी : जी मैं, माने वही कहने जा रहा था।

बाबा : ये माने-वाने छोड़, असली बात पर आ जा!

जोगी : जी, मैं उसे पलकों पर बिठा के रखूँगा, रानी बनाऊँगा, पूरे टब्बर पर…

बाबा : ये डालौगबाजी रहने दे, बता काम क्या करता है?

जोगी : जी, फैक्ट्री में काम करता हूँ।

अम्मा : क्या काम करता है? मनैजर है?

जोगी : नहीं, जी, उससे थोड़ा नीचे।

बाबा : सुपरवाइजर?

जोगी : थोड़ा और नीचे।

अम्मा : डिपाट इंचारज ?

जोगी : बस थोड़ा और नीचे !

बाबा : इकौंटेंट ?

जोगी : थोड़ा और नीचे।

दोनों : थोड़ा और नीचे ? तो क्या वर्कर है ?

जोगी : जी, मसीन मैन।

सब : (*कोरस*) जी मसीन मैन।

बाबा : मुझे पता था, ऐसे ही गए-गुजरे से आएगा रिश्ता हमारी बेटी के लिए !

अम्मा : खुसफुस-खुसफुस !

बाबा : खुसफुस-खुसफुस !

जोगी : तो जी मैं ये रिश्ता पक्का समझूँ ?

बाबा : (*जूता हाथ में लेकर जोगी के पीछे दौड़ता है*) आ मैं तेरा रिश्ता पक्का करूँ ! साले, दो कौड़ी के वर्कर, फकीर की औलाद, साले 562 तन्ख़ाह पाता है और सपने देखता है शादी करने के !

अम्मा : (*जूता हाथ में लेकर जोगी का पीछा करती है*) बड़ा आया शादी करनेवाला ! हमें अपनी बिटिया को जीते-जी नहीं मारना तेरे से शादी करा के !

[*अश्शो पीछे-पीछे भागती है।*]

अश्शो : बाबा ! अरी अम्माँ री ! उसे मत मारो ! उसे छोड़ दो !

बाबा : जूते मारूँ···

सब : 562

बाबा : थप्पड़ मारूँ···

सब : 562

बाबा : लातें मारूँ।

सब : 562

बाबा : ऐसी-तैसी

सब : 562

बाबा : नून तेल का।

सब : 562

बाबा : भाव बता दूँ।

सब : 562···

जोगी : देखो, देखो हाथ मत उठाना। हाँ !

बाबा : जरूर उठाऊँगा, सौ बार उठाऊँगा। 562 बार उठाऊँगा।

जोगी : मैं बताए दे रहा हूँ अश्शो, रोक ले अपने बाबा को, नहीं तो खून पी जाऊँगा बुढ़ऊ का !

बाबा : साले, तेरी ये मजाल कि मुझे धमकाता है। मैं तुझे गिन-गिन के जूते लगाऊँगा !

अश्शो : पहले मुझे मारो, बाद में जोगी पर हाथ उठाओ !

अम्मा : बेटी, तूँ मत पड़ मर्दों के झगड़े में। इधर आ जा !

अश्शो : छोड़ दो मुझे। और कान खोलकर सुन लो। मैं सादी करूँगी तो जोगी से, नहीं तो पूरी जिंदगानी कुँवारी बैठी रहूँगी।

अम्मा : हाय बेटी, ये क्या कहती है। ऐसी मनहूस बात क्यूँ जुबान पर लाती है। इस मुए 562 के वर्कर से सादी का खयाल मन से निकाल दे।

बाबा : बिटिया, जरा सोच तो सही। 562 में क्या ये खुद खाएगा, क्या तुझे खिलाएगा।

अम्मा : इतनी कम तन्खा पानेवाला साल दो साल में भगवान को प्यारा हो जाएगा बिटिया ! तू भरी जवानी में बेवा हो जाएगी !

बाबा : दिल्ली के वर्कर का क्या हाल है, तुझे नहीं मालूम बेटी !

अम्मा : आज नौकरी है, कल नहीं है।

बाबा : आज इस फैक्टरी में क्लोजर, कल उसमें तालाबंदी।

अम्मा : गंदी बस्तियों में बसेरा। न बिजली न पानी।

बाबा : और गुंडे-बदमाशों का डेरा।

अम्मा : रोज-रोज पुलिस की मार खाना।

बाबा : और तिहाड़ जेल में रात बिताना। (*चुप्पी के बाद*) बिटिया, अकल से काम ले। ये खयाल छोड़ दे।

अम्मा : मजदूर से सादी करने का मतलब है जीते-जी मर जाना।

अश्शो : मैं उसके बगैर नहीं रह सकती। मेरी सादी जोगी से ना हुई तो मैं जान दे दूँगी।

[*माँ रोती है।*]

अम्मा : (*बाबा से*) खुसफुस-खुसफुस !

बाबा : खुसफुस-खुसफुस। (*जोगी से*) जोगी बेटा, देख, हमें तेरे से कोई दुश्मनी नहीं। तू शरीफ और मेहनती

लड़का लगता है ।

अम्मा : पर हमें अपनी बेटी के बारे में भी तो सोचना है बेटा !

जोगी : मैंने सब सोच लिया है माता जी ! मैं बीड़ी, सिगरेट, चाय, सब छोड़ दूँगा ।

बाबा : बचपने की बातें मत कर बेटा ! मजदूरपेशा आदमी बीड़ी-चाय छोड़ देगा तो आठ घंटे मेहनत कैसे करेगा ।

जोगी : मैं घर पैसे भेजने बंद कर दूँगा । बस में आना-जाना छोड़, पैदल काम पर जाऊँगा । साम को कोई और मजूरी करूँगा ।

बाबा : ताकि मैं दो-तीन साल में ही भगवान को प्यारा हो जाऊँ ।

अम्मा : ताकि मेरी बीवी बेवा हो जाए ।

बाबा : ये सब बेकार की बातें हैं । मैंने हिसाब लगा के देख लिया है । इस शहर में हजार-ग्यारह सौ से कम में कोई नहीं रह सकता ।

अम्मा : आदमी तो दूर, जानवर भी नहीं रह सकता !

जोगी : जी, वो यूनियनवाले भी यही कहते हैं कि वेज कम-से-कम 1050 तो होना ही चाहिए ।

अम्मा : बिल्कुल सही कहते हैं ।

बाबा : तो बिटुआ, कोई ऐसी नौकरी पकड़ जिसमें 1050 मिलते हों । फिर हम अश्शो की शादी तुमसे खुशी-खुशी कर देंगे ।

अश्शो : पर ऐसी नौकरी मिलेगी कहाँ ।

जोगी : सब जगह 562 ही तो मिलते हैं ।

अम्मा : तो बेटा, तू मालिक से कह-सुनकर अपनी तन्खा बढ़वाने की कोशिश तो कर ।

जोगी : अजी हाँ, माता जी, सालों ने रो-रोकर दो साल में 73 रुपए बढ़ाए हैं, वो भी इत्ती लंबी लड़ाई के बाद । अभी ये सात दिन की हड़ताल लड़ी, मालिक तो डर के मारे बढ़ाने को तैयार भी हैं, पर सरकार के कान पर अब तक जूँ भी नहीं रेंगी है ।

दोनों : तो बेटा, हाथ पर हाथ धर के मत बैठो, अपनी लड़ाई को और तेज करो ।

जोगी : वो तो आपके बताए बगैर भी कर रहे हैं । अब तो सारे

के सारे मजदूर सीटू के मैंबर बनेंगे और उसका झंडा उठाकर और लंबी लड़ाई लड़ेंगे ।

[*पुलिस वाला आता है*]

पुलिस : फिर ! फिर सालो, मैं कुछ कह नहीं रहा तो तुम फैलते ही जा रहे हो। बहुत हो गया, उठाओ अपना ताम-तोबड़ा और चलते-फिरते नजर आओ ।

सूत्रधार : हवलदार सा'ब, आपने नारे लगाने, झंडे उठाने को मना किया था, हमने उन्हें एक तरफ रख दिया । अब क्या परेशानी है ?

पुलिस : अबे, तो मुझे क्या पता था कि तुम झंडों और नारों के बगैर भी मजदूरों को भड़का सकते हो । बस, अब मैं कुछ और नहीं सुनना चाहता । तुम खिसक लो यहाँ से ।

सूत्रधार : आपकी खोपड़ी में इत्ती-सी बात क्यों नहीं आती कि मजदूर की जिंदगी पर नाटक करेंगे तो चाहे झंडा उठाएँ या न उठाएँ, नारे लगाएँ या न लगाएँ, बात वहीं पर पहुँचती है कि जीना है तो लड़ना होगा ।

सब : जीना है तो लड़ना होगा ।

जोगी : प्यार भी करना है तो भी लड़ना होगा ।

पुलिस : तो ऐसा नाटक करने के लिए भी तुम्हें मुझसे लड़ना होगा । है कोई जो आगे आए ।

सूत्रधार : भाड़ में जाओ, नहीं करते नाटक । साले, इमरजेंसी अभी लगी नहीं, ये सैंसरशिप पहले से ही शुरू हो गई । चलो साथियो, हमें नहीं करना नाटक ।

[*सब सामान उठाने जाते हैं ।*]

एक अभिनेता : रुको, एक मिनट । (*सब रुकते हैं । हवलदार से*) आपने कहा कि नारे, लाल झंडा, सीटू वगैरा का नाम नहीं आना चाहिए। लेकिन अगर हमारा नाटक उनके खिलाफ हो तो ?

पुलिस : वैसे तो एस. एच. ओ. सा'ब का आडर है कि सीटू का नाम भी नहीं आना चाहिए । लेकिन अगर तुम उनके खिलाफ नाटक करो तो हो सकता है मेरी प्रोमशन हो जाए और मैं सब-इंस्पेक्टर बन जाऊँ फिर इंस्पेक्टर, फिर उसके बाद ए. सी. पी. और फिर डी. सी. पी. तो हम बन ही जाएँगे··· (*सपने देखने लगता है ।*)

एक अभिनेता : लाठी सिंह सा'ब, अपने हसीन सपनों की दुनिया से निकलकर जरा धरती पर लौट आइए। हाँ, तो हम फिर अपना नाटक शुरू करें। हवलदार जी, ए. सी. पी. साहब, ओ डी. सी. पी. सा'ब।

पुलिस : (*चौंककर सपनों की दुनिया से बाहर आता है*) हाँ, हाँ। (*बैठ जाता है*)। तो शुरू करो।

[*सब पात्र सलाह करते हैं और नाटक फिर शुरू होता है*]

जोगी : हम भूख से मरनेवाले···
क्या मौत से डरनेवाले
आज़ादी का डंका बजा
उठाओ अग्नि ध्वजा···

[*गाता है*]

सब : हम भूख से मरनेवाले···

[*सीटू का झंडा उठाए, कराहता, लँगड़ाता जोगी आता है। चार अभिनेता उसे घेरकर उसके गिर्द घूमते हैं।*]

चारों : क्यों जोगी? आ गए होश ठिकाने?

1. : कैसी लगी पुलिस की मार?

2. : हवालात में ठुल्लों ने रोटी-वोटी भी दी या भूखे-प्यासे ही पड़े रहे?

3. : सीटूवालों ने जेल में चक्की भी पिसवा दी बेचारे से।

4. : अरे ये किस खेत की मूली है। जेल में तो इनके एम. पी. तक की ठुकाई हो गई।

चारों : हा! हा! हा! हा!

1. : हम तो पहले भी तुम्हें समझाते थे कि मत पड़ो सीटूवालों के चक्कर में।

2. : पर न, उन्होंने तुम्हें भर्री दी और तुम कूद पड़े सात दिन की हड़ताल में।

3. : पर हाथ क्या आया? कद्दू?

4. : अब ऊपर से सात दिन का वेज जो कटेगा सो अलग।

जोगी : वेज कटेगा?

चारों : और नहीं तो क्या! पूरे सात दिन का!

जोगी : पर वो सीटूवाले तो कहते थे कि हड़ताल करने से 1050 वेज मिलेगा, 2 रुपए आँकड़ा महँगाई-भत्ता मिलेगा!

1. : सब्जबाग दिखलाना इसी को कहते हैं। तेरे जैसे भोले-भाले मजदूरों को लालच दिखाकर अपना उल्लू सीधा किया है इन सीटूवालों ने।

2. : अब जा के पूछ उनसे—क्या हुआ उन वादों का। ठेकेदारी खत्म कराने चले थे—हो गई?

3. : पक्के मकान दिला रहे थे, औरतों के लिए बालघर बनवा रहे थे—मिला कुछ?

4. : अजी ये तो कुछ नहीं—सीधे मजदूर-विरोधी कानून रद्द करवा रहे थे, बंद फैक्ट्रियाँ खुलवा रहे थे, पुलिस-दमन रुकवा रहे थे।

चारों : हा-हा-हा! यूँ कहो दिल्ली में मजदूरों के लिए स्वर्ग बनवा रहे थे।

1. : जोगी, अब भी वक्त है। चेत जा और झाड़ ले पल्ला सीटूवालों से।

2. : हम में से किसी की भी यूनियन में आ जा। अब हम सब एक हो गए हैं।

3. : और ये भी मंजूर नहीं तो चक्कर ही छोड़ यूनियनबाजी का। तुझे कोई परेशानी हुई तो हम हैं ही।

4. : ला दे, ये झंडा हमें दे। इसे फाड़ के फेंक देते हैं।

चारों : न रहेगा बाँस, न बजेगी बाँसुरी।

[*जोगी से झंडा लेते हैं। डंडा जोगी के हाथ में रह जाता है। चारों झंडे को खींचते हैं। जोगी डंडा उठाता है। झंडा वापस खींच लेता है।*]

जोगी : ख़बरदार! छोड़ दो झंडे को। गद्दारो, मालिकों के दलालो, तुम्हारी हिम्मत कैसे हुई मजदूरों के झंडे को अपने नापाक हाथों से छूने की!

[*बाकी एक्टर भी खड़े होते हैं।*]

सब ऐक्टर : ए, ए, जोगी, क्या करते हो। हमें सीटू के खिलाफ नाटक करना था। हवलदार सा'ब बैठे हैं। बेकार में तू सबको पिटवाएगा।

जोगी : नहीं, नहीं करूँगा मैं सीटू के खिलाफ नाटक। सीटू की यूनियन मेरी यूनियन है। सीटू का ये झंडा मेरा झंडा है। मैंने देख लिया है कि सीटू ही है जो मजदूरों के लिए लड़ती है। इस 7 दिन की हड़ताल में अपने हक के लिए, इंसानी जिंदगी के लिए लड़ने का रास्ता मुझे सीटू

ने ही दिखाया है। कहाँ मुँह काला कर रहे थे ये दूसरी यूनियनोंवाले जब हम पर पुलिस की लाठियाँ पड़ रही थीं। क्यों घुसे बैठे थे अपने बिलों में जब मैं हवालात में भूखा-प्यासा पड़ा था। जब पुलिसवाले औरतों को पीट रहे थे, हमारे लीडरों को गिरफ्तार कर रहे थे तो क्या उन्हें साँप सूँघ गया था। नहीं। तब ये अखबारों में बयान जारी करके सीटू को बुरा-भला कह रहे थे। मजदूरों को फैक्ट्रियों से निकलने से रोक रहे थे। इन गद्दारों को मैंने अच्छी तरह पहचान लिया है। अब मेरे लिए एक ही यूनियन है—सीटू। अब मैं ही सीटू हूँ। मैं सीटू के खिलाफ एक लफ्ज भी नहीं बोलूँगा। हवलदार तो क्या, चाहे दिल्ली की सारी पुलिस मेरी छाती पर सवार हो जाए—मेरी जबान से एक ही आवाज निकलेगी—सी. आई. टी. यू. जिंदाबाद, इन्कलाब जिंदाबाद!

पुलिस : साले, तू फिर शुरू हो गया? दो-चार लाठियाँ मारूँगा तो होश ठिकाने आ जाएँगे।

जोगी : एक नहीं, हजार लाठी-डंडे बरसाओ, आज मैं चुप नहीं रहूँगा। इस देश का मजदूर आज चुप नहीं रहेगा। जो मजदूर जान गँवाने से नहीं डरता वो लाठी से क्या डरेगा?

गाना : हम भूख से मरनेवाले।
क्या मौत से डरनेवाले।
आज़ादी का डंका बजा
उठाओ अग्नि ध्वजा
वर्गयुद्ध की शेष पुकार
आती है बारंबार
हो तैयार हो तैयार…

[*इस बीच सारे पात्र जोगी के पीछे खड़े हो गए हैं। इतने में दर्शकों के बीच से एक पात्र लोकल नेता के लिबास में आता है।*]

नेता : यह कैसा शोर है?

पुलिस : अरे नेता जी, अच्छा हुआ आप आ गए (*जोगी को खींचते हुए*) यह हरामजादा इनको भड़का रहा है। मैंने मना किया तो मुझी को आँखें दिखाता है।

नेता : साले, कल तक तो हमें देखकर काँपते थे। सात दिन की हड़ताल क्या कर ली, हमें ही आँखें दिखाते हो। आज लाल झंडे से हम ही को धमकाते हो ? भूलो मत, आज तुम इन झुग्गियों में मेरी कृपा से रह रहे हो। अगर मैं चाहूँ तो डी. डी. ए. के बुलडोजर एक मिनट में इस बस्ती को सपाट कर दें।

[एक अभिनेता जो नेता का चमचा है, आगे आता है।]

चमचा : नेता जी ठीक कहते हैं। आज हम इन्हीं की बदौलत तो यहाँ पर रह रहे हैं। सीटू के चक्कर में पड़ोगे तो यह झोंपड़े भी हाथ से चले जाएँगे।

जोगी : अरे यह कचरे के डिब्बे भी कोई मकान हैं ?

[बाकी पात्र भी बोलना शुरू करते हैं।]

1. : और क्या, चारों तरफ गंदगी ही गंदगी है।

2. : पीने के पानी और गटर के पानी में कोई अंतर नहीं है।

3. : आधी से ज्यादा झुग्गियों में बिजली भी नहीं है।

4. : जहाँ है, वहाँ इन गुंडों को हफ्ता और बिजलीवालों को रिश्वत देनी पड़ती है।

5. : दूर-दूर तक कोई सरकारी हस्पताल नहीं है।

जोगी : सीटू ने कह दिया है कि इन जैसी झुग्गियों के लिए हम तुम-जैसे गुंडों को हफ्ता न दें।

नेता : सालो, जब ये झुग्गियाँ साफ हो जाएँगी न, तब पता चलेगा। दर-दर की ठोकरें खाते फिरोगे। फिर मत कहना कि पहले नहीं बताया।

सब : अरे जा-जा। बहुत देखे हैं तेरे जैसे। साले, फिर ऐसे कुछ कहा तो हड्डी-पसली एक कर देंगे।

[नेता, चमचा और पुलिसवाला भागते हैं और बाहर निकल जाते हैं। बाकी अभिनेता नारे लगाते हैं]

जोगी : अपनी माँगें ले के रहेंगे।

1. : हमें सरकार की तरफ से पक्के मकान मिलें।

2. : जहाँ कूड़ा-करकट और गंदगी न हो।

3. : जहाँ बिजली और पानी का पूरा बंदोबस्त हो।

4. : जहाँ बच्चों के पढ़ने के लिए स्कूल हों और रोगियों के लिए अस्पताल हों।

5 : जहाँ बच्चों के खेलने के लिए मैदान हों।

कोरस : इन माँगों के लिए, हम अपनी लड़ाई, और तेज करेंगे।

सूत्रधार : आज दिल्ली के मजदूर के सब जगह यही तेवर हैं। अब वो चुपचाप बैठने को तैयार नहीं है। फैक्ट्रियों में वो जीने लायक वेतन के लिए लड़ रहा है, नौकरी बचाने के लिए लड़ रहा है, बस्तियों में बेहतर मकानों के लिए लड़ रहा है।

कोरस : हर जगह, हर समय, इंसान का जीवन जीने के लिए लड़ रहा है।

सूत्रधार : यही नहीं, अब दिल्ली की महिला मजदूरों ने भी संघर्ष का रास्ता अपना लिया है। आइए, आपको ऐसी ही एक महिला मजदूर से मिलवाते हैं।

[*सब बैठते हैं। बच्चे को गोद में उठाए एक औरत आती है।*]

औरत : अरे मैं कहती हूँ तेरी लाश सड़े, उसमें कीड़े पड़ें, तेरी चिता पर कुत्ते मूतें। हराम के जने तुझे हैजा हो जाए। अँधेरगर्दी मचा रखी है हरामियों ने। थोबड़ा फाड़ के कह दिया—'बच्चा अंदर नहीं जा सकता।' अरे बच्चे को अपने साथ काम पर न लाऊँ तो क्या सरकारी घूरे पर फेंक दूँ। देख लो भइया जी, ये कैसी नाइंसाफी है। कामकाजी औरत बच्चे को काम पर न ले जा सके तो काम कैसे करे? कल तलक मेरा आदमी मुन्नी को देखता था। आज उसे काम मिल गया तो मैं इसे अपने साथ ले आई। सुसरे टैमकीपर ने फाटक पर ही रोक दिया। कहता है, बच्चे को अंदर ले जाने का हुक्म न है। ठीक है, मैं भी खड़ी हूँ यहीं पर। अभी शिफ्ट छूटेगी तो बताऊँगी यूनियनवालों को कि यहाँ क्या चल रहा है।

[*हूटर बजता है। मजदूर मर्द और औरतें बाहर आती हैं।*]

औरत : अरे ओ जोगी, रामपाल रे··· मेरी नौकरी चली जाएगी रे! टैमकीपर ने मुझे अंदर न जाने दिया आज।

जोगी : क्यों न जाने दिया?

चमचा : पारबती, झूठ मत ना बोले। सारी बात मेरे सामने हुई

थी । टैमकीपर ने तुझे नहीं रोका था, तेरे बच्चे को रोका था ।

पारबती : और कोई बोले या न बोले, ये चमचा अपनी चोंच जरूर खोलेगा । अरे मैं बच्ची को अंदर ना ले जा सकूँ तो क्या उसे बाहर सड़क पर पटक दूँ ?

रामपाल : पर तू मुन्नी को संग लाई क्यूँ ?

एक औरत : इसके मरद को काम मिल गया है भई, कहाँ छोड़कर आती ?

पारबती : हाँ, घर में कोई ना है बच्ची को देखनेवाला ।

रामपाल : वो तो ठीक है पारबती ! लेकिन बच्ची अंदर कहाँ रहेगी ?

पारबती : पड़ी रहेगी एक कोने में । किसी से कुछ कहती है क्या ?

चमचा : नहीं, ऐसे कैसे हो सकता है । आज ये लाई है, कल सारी उठाकर ले आएँगी । जिसे बच्चे पालने हों घर पे बैठे !

पारबती : तू तो बोलई मत । मुँह नोच लूँगी तेरा । बड़ा आया घर पर बिठानेवाला । तन्खा तेरा ताऊ देगा महीने-महीने ?

दूसरी औरत : मैं भी अपने छोरा को पड़ौस में छोड़कर आती हूँ । साम तलक भूखा पड़ा रहवै बिचारा ।

एक औरत : मेरी लौंडिया भी दिन-भर मुहल्ले-भर में भटकती फिरे ।

पारबती : तुम यूनियन चलाते हो, इसका कोई इंतजाम नहीं करा सकते ?

रामपाल : इसमें यूनियन क्या कर सकती है ?

पारबती : क्यों न कर सकती ? मील में भी बच्चों को रखने का बंदोबस्त होना चाहिए । ये माँग भी तो थी हड़ताल की ।

रामपाल : देख पारबती, हमने 1050 वेज के लिए, 2 रुपए महँगाई-भत्ते के लिए, ठेकेदारी के खिलाफ—इत्ती बड़ी-बड़ी माँगों पर सात दिन की हड़ताल लड़ी । मालिक घबरा गए हैं । अब जरा-सा जोर लगाएँ तो उन्हें ये माँगें माननी पड़ेंगी । ये छोटी-मोटी माँगें उठाएँगे तो हमारी लड़ाई कमजोर हो जाएगी ।

पारबती : छोटी-मोटी ? ये छोटी-मोटी माँग ना है रामपाल ! ये मेरी नौकरी का सवाल है ।

औरतें : हाँ यह भी माँग थी हड़ताल की ।

पारबती : निकाल, निकाल पर्चा जोगी, साफ-साफ लिखा है सीटू के परचे में—जिस मील में औरतें काम करें, वहाँ बालघर बनाना पड़ेगा ।

रामपाल : जोगी, जरा सोच ले । मेरी राय में इससे हमारी लड़ाई कमजोर पड़ जाएगी ।

चमचा : हाँ, सही बात है ।

पारबती : तू तो बोलई मत । उलटी बात मत ना कर रामपाल । तू कैसा सीटू का लीडर है ? सीटू ने ही तो बालघर की माँग रखी थी । हमारी यूनियन ने ये माँग उठाई । इसीलिए सगरी औरतें साथ आई हैं । क्यों री ?

एक औरत : और क्या ?

दूसरी औरत : मैं तो खासतौर पर इसीलिए हड़ताल पर गई थी ।

पारबती : औरतों के आने से लड़ाई मजबूत हुई है या कि कमजोर ? पागल न हो तो !

दूसरी औरत : जिस मिल में हो वर्कर महिला
बच्चे रखने की हो सुविधा
जिस मिल में हो वर्कर महिला,
बच्चे रखने की हो सुविधा !
हर जोर-जुलुम की टक्कर में…

[*सब जलूस के रूप में चलते हैं ।*]

जोगी : गुलाम रसूल, राघवन, तुम लोग जुलूस में नहीं चलोगे क्या ?

[*दोनो ख़ामोश खड़े हैं ।*]

जोगी : चलो भई, देखो सभी मजदूर जुलूस में शामिल हैं । औरतें भी । तुम भी चलो ।

[*अब भी खामोश हैं ।*]

जोगी : क्या बात हो गई ?

राघवन : कामरेड, तुम्हारे कहने पर हम तुम्हारे साथ सात दिन हड़ताल पर रहे, जबकि वेज बढ़ने से हमें कोई फायदा नहीं होना था । हम ठहरे ठेके के मजदूर ।

गुलाम रसूल : तुम जानते हो, आठवें दिन जब हम काम पर लौटे थे तो ठेकेदार ने वापस लेने से साफ इनकार कर दिया था ।

रामपाल : हाँ, और सीटू ने ही तुम्हें वापस काम पर रखवाया था । ये मत भूलो । (*जोगी रोकता है*) ।

राघवन : और बाद में ठेकेदार के गुंडों ने धमकी जो दी थी कि आगे कभी सीटू के साथ गए तो हड्डी-पसली एक कर देंगे ।

जोगी : इसीलिए तो कहता हूँ यूनियन में आ जाओ । अलग-थलग रहोगे तो वो तुम्हें आसानी से कुचल डालेंगे ।

गु. रसूल : बात तो तुम्हारी ठीक है जोगी भैया. लेकिन हम यूनियन में आए तो ठेकेदार हमें खड़े-खड़े निकाल बाहर करेगा । हमारे बच्चे भूखों मर जाएँगे । चल राघवन, हम तो काम पर चलें ।

[*दोनों जाने लगते हैं*]

रामपाल : (*राघवन की ओर आक्रामक तरीके से बढ़कर*) मैं देखता हूँ सालो, कैसे काम पर जाते हो । मैं पहले भी कहता था जोगी, इन सालों के चक्कर में मत पड़ो । (*धक्का- मुक्की*) पक्के मजदूरों की नौकरियाँ दबाकर बैठ जाते हैं, ढाई सौ-तीन सौ में काम करने को राजी हो जाते हैं (*धक्का-मुक्की*) । ये बेपेंदी के लोटे हैं, सालों का कोई भरोसा नहीं (*धक्का-मुक्की*) सालो, ठेकेदार तो बाद में, पहले मैं ही तुम्हारी हड्डी-पसली तोड़ता हूँ (*धक्का-मुक्की*) छोड़ दो मुझे ।

राघवन : अबे जा-जा, बड़ा आया ! न तेरी टाँगें तोड़ डालीं तो ।

[*जोगी उन्हें अलग-अलग करता है ।*]

जोगी : पागल मत बनो । रामपाल, तुम्हारे जैसे जिम्मेदार कार्यकर्ता से ये उम्मीद तो नहीं थी । इतनी मुश्किल से मजदूरों में एका बना है । संघर्ष तेज हो रहा है, और तुम अपने भाइयों को ही संघर्ष से हटा रहे हो । भूलो मत, मालिक और उनके दलाल इसी ताक में बैठे हैं कि कोई मजदूरों में फूट डलवाए तो वो आकर हाथ सेकें । जरा अक्ल से काम लो । चलो गुलाम रसूल, राघवन, जलूस के साथ चलो ।

[*जोगी ठेके-मजदूर के पास जाता है ।*]

गु. रसूल : पर जोगी भाई, हमें ये भी तो समझाओ कि तुम्हारे साथ चलकर हमें मिलेगा क्या । चाहे कुछ हो जाए, हमें तो वही 300-350 मिलने हैं ।

जोगी : फिर वही बात । तुम्हें पहले भी बताया था, हमारे चार्टर में ये जो माँग है कि समान काम का समान वेतन मिले···

कोरस : समान काम, समान वेतन…

जोगी : ये किसकी माँग है ?

गु. रसूल : है तो हमारी ही…

जोगी : हाँ, ये तुम्हारे जैसे ठेके के मजदूरों की माँग है । काम तो तुम करते हो कंपनी के वर्कर जितना, पर वेज पाते हो औना-पौना ।

गुलाम रसूल : वेज तो कम मिलता ही है, ई. एस. आई., बोनस, बीमा, ग्रैचुटी—कुछ भी नहीं मिलता ।

राघवन : और जब मरजी भेड़-बकरियों की तरह बाहर हाँक देते हैं । हमारी तो लेबर आफिस में भी सुनवाई नहीं ।

जोगी : जभी तो हम कहते हैं कि ठेकेदारी प्रथा को खत्म करो ।

सूत्रधार : ठेकेदारी का अंत करो ।

कोरस : इस बीमारी का अंत करो ।

सूत्रधार : ठेकेदारी का अंत करो ।

कोरस : इस बीमारी का अंत करो ।

गु. रसूल : ठेका-मजदूरों को काम की जगह पर ही पक्का करो । कंपनी-रजिस्टर में नाम लिखो ।

राघवन : बराबर वेतन ले के रहेंगे, ई. एस. आई., बोनस, बीमा, ग्रैचुटी—सब ले के रहेंगे ।

रामपाल : अरे ऐसे ही नहीं मिल जाते ई. एस. आई., बीमा बोनस, ग्रैचुटी । उसके लिए लड़ना पड़ेगा ।

जोगी : सब मजदूरों को साथ आना पड़ेगा ।

सूत्रधार : सीटू का मेंबर बनना पड़ेगा ।

औरत : ये लड़ाई सब मजदूरों की लड़ाई है ।

पारबर्ती : चाहे मर्द हो या औरत ।

सूत्रधार : कच्चा हो या पक्का ।

रामपाल : कंपनी का हो या ठेकेदार का ।

गु. रसूल : बाकी सारी माँगें भले ही मान लें, ये माँग कभी नहीं मानेंगे साले ।

जोगी : ऐसा क्यों सोचते हो गुलाम रसूल भाई ?

गु. रसूल : बाकी सारी माँगों पर तो सारे मजदूर साथ हैं, ये सिरफ हमारी माँग है । कल को तुम्हारी माँगें मान ली जाएँगी तो तुम हमें भूल जाओगे, हमें पता है । हमारी भलाई इसी में है कि ठेकेदार से बना के रखें ।

औरत-2 : क्या कह रहे हो गुलाम रसूल, ये सिरफ तुम्हारी माँग

नहीं है, ये हमारी भी माँग है। औरतें भी मरदों के बराबर कमरतोड़ काम करती हैं पर वेज कम मिलता है उन्हें।

सूत्रधार : जिन फैक्ट्रियों में यूनियन नहीं हैं वहाँ के पक्के मजदूरों का भी यही हाल है। मालिक 562 पर अँगूठा लगवाकर 300-400 पकड़ा देता है।

राघवन : पर भैया, जब तक हम पक्के नहीं होते हमें बचानेवाला कोई नहीं है। चल गुलाम रसूल।

[*दोनों जाते हैं।*]

पारबती : गुलाम रसूल, राघवन ! ठहरो ! मजदूर ही मजदूर को बचाएगा। यह डर छोड़ो और सीटू में शामिल हो जाओ। इसी में सबकी भलाई है।

गाना : जैसे सुर से सुर मिले हों राग के···
जैसे शोले मिल के बढ़े आग के
जिस तरह चिराग से जले चिराग
ऐसे चलो भेद तेरा मेरा त्याग के
मिल के चलो मिल के चलो
मिल के चलो

[*सब जुलूस की शक्ल में खड़े हो जाते हैं।*]

सूत्रधार : साथियो, यह थी मजदूरों के जीवन की जीती-जागती तस्वीर।

कोरस : लेकिन जाने से पहले हम आपसे एक बार फिर कहना चाहते हैं···

सूत्रधार : कि अपनी माँगों के लिए संघर्ष को तेज करना सब मजदूरों की जरूरत है।

कोरस : सब मेहनत करनेवालों की
सब भूखे रहनेवालों की
सब ठेके के मजदूरों की
महकूमों की मजबूरों की

सूत्रधार : सीटू की जो भी माँगें हैं
सब मजदूरों की माँगें हैं
हर मेहनतकश की माँगें हैं
और हर बेबस की माँगें हैं

कोरस : क्लोज़र छँटनी तालाबंदी
पर हो सरकारी पाबंदी।

कोरस-4. : मजदूर विरोधी कानूनों को वापस ले सरकार अभी, क्या एस्सा और क्या एन. एस. ए., सब वापस ले सरकार अभी ।

कोरस-5. : जिस मिल में हों वर्कर महिला,
बच्चे रखने की हो सुविधा ।

कोरस-6. : ठेकेदारी का अंत करो,
इस बीमारी का अंत करो ।

कोरस : और बंद करो ये पुलिस दमन,
ये लाठी, गोली का शासन ।
लड़कर लेंगे माँगें सारी,
ये देखेगी दुनिया सारी ।
मजबूत हमारा एका है,
झंडा ऊँचा लहराता है ।
मजदूर विरोधी हाकिम तक
ये संदेसा पहुँचाता है ।

सूत्रधार : हर जोर-जुलुम की टक्कर में संघर्ष हमारा नारा है···
[*सब नारे लगाते हैं*]

(दिसंबर, 1988)

मशीन

[चारों ओर दर्शक । बीच में गोलाकार अभिनय-स्थल । एक-एक करके पाँच अभिनेता ताल में चलते हुए आते हैं और मिलकर यांत्रिक अंदाज में हाथ-पैर हिलाकर मुँह से मशीन के चलने की आवाज निकालते हुए मशीन का अभिनय करते हैं । कुछ देर चलकर मशीन ताल में रुक जाती है ।]

सूत्रधार : जी हाँ; यह है मशीन ! लोहे की मशीन ! कारखाने की मशीन, मशीन का है एक मालिक और बहुत-से पुर्जे, यानी कि मजदूर । दिन-भर चलती है यह और रात को भी । देती है बहुत कुछ एक के बाद एक, लगातार—तरह-तरह का सामान, तरह-तरह की आराइशें । है न बहुत खूब ! देखने में छोटी-सी पर कामधेनू की बहन है यह । देखनेवालों के लिए पहेली-सी, कामगरों की सहेली-सी । क्या ? क्या फरमाया आपने ? किसने बनाया है इसे ? अजी आपने, आपने और मैंने, यानी इस मशीन को जिन्होंने बनाया वह आप और हमारे जैसे इंसान थे । हमारे ही पुरखे, पर बड़े ही विकट । बहुत ही जी-जान से बनाई थी और बड़े ही इत्मीनान से बनाई थी । सदियों की मेहनत है इसकी जड़ में । खट्- खटाखट्-खट् खटाखट्-खट् खटाखट्-खट्···

[मशीन फिर ताल में चलने लगती है और ताल में रुक जाती है ।]

सूत्रधार : देखी आपने इसकी लय और ताल, लय और ताल—ताल और लय । अगर लय और ताल न रहे तो

जिंदगी खत्म। लेकिन मशीन की लय, मशीन की ताल? बात कुछ बेतुकी-सी है, लेकिन तुक है इसमें। जरा गौर से देखिए—अगर एक पुर्जा न चले तो दूसरा बंद और दूसरा न चले तो तीसरा खामोश। इसीलिए तो काम करते हैं साथ-साथ, रहते हैं साथ-साथ—मालिक और मजदूर, गुंडे और मजबूर; और बताऊँ—कोल्हू और गन्ना, ठाकुर और हरिजन्ना, साथ-साथ, साथ-साथ···

[ताली की सामूहिक आवाज़ के साथ एक अभिनेता मशीन से अलग होता है।]

अभिनेता-1 : (*सूत्रधार को डपटकर। सूत्रधार हड़बड़ाकर गिर पड़ता है*) साथ-साथ, साथ-साथ, कैसा है यह साथ? कौन देता है यह साथ? कौन मानता है यह साथ? किसे मिलता है यह साथ? मुझे मिलती है सिर्फ लात। किसकी लात? अजी सबकी, मकान-मालिक की लात, मिल-मालिक की लात, राशन-वाले की लात, दूधवाले की लात और पुलिसवाले की लात! लात खाते-खाते भेजा ही खराब हो गया, बताना ही भूल गया मैं हूँ क्या बला? मैं हूँ मजदूर, मशीन का एक पुर्जा, काम की चीज, मगर बेकार की चीज। काम करता हूँ मशीन का, मशीन के मालिक का और उसके बाद—कुछ नहीं। कम-से-कम मालिक के लिए कुछ भी नहीं। तन्ख्वाह माँगो तो मुश्किल, न माँगो तो मुश्किल। छुट्टी माँगो तो छँटनी, बोनस माँगो तो चटनी। साथ-साथ, साथ-साथ···

अभिनेता-2 : साथ-साथ, साथ-साथ···सच पूछिए तो जीने का सहारा है यह साथ, तकदीर का सितारा है यह साथ, इसी साथ पर हम बैंक भरते हैं, बैंक आफ कनारा है यह साथ, मरसडीज़ की मोटर के साथ, वह कोठी का गलियारा है ये साथ, मालिक, मजदूर और मशीन का साथ। नहीं समझे क्या आप? अजी, कैसे हौलू हैं आप! अक्ल के कोल्हू हैं आप! अरे मैंने नहीं बताया तो आप पूछ लेते, कौन हूँ मैं कुछ इसकी तो खबर लेते। आपके साथ ने तो कर दिया मेरा भी दिमाग

खराब। अरे ओ मेरे माल के खरीदारो, मैं मालिक हूँ मिल का, बड़ी सख्त जिंदगी है मेरी। पूँजी को जुटाता हूँ, मंत्री को पटाता हूँ, पुलिस को चटाता हूँ, वकील को भौंकवाता हूँ, मजदूर को धमकाता हूँ, मशीन को चलवाता हूँ, तब जाकर कहीं लंदन से व्हिस्की मँगवाता हूँ। लेकिन आप ख़फा न हों मेरे मेहरबान, मेरे कद्रदान, आप पर कुरबान मेरी जान। आपके लिए एक लाईब्रेरी, दो अस्पताल, तीन कब्रिस्तान बनवाऊँगा, रही दुआ आपकी तो आपको दफन भी करवाऊँगा। फकत भाव बढ़ाने की इजाजत दे दीजिए, अगले चुनाव कराने की मोहलत दे दीजिए, फिर देखिए मैं क्या-क्या गुल खिलाता हूँ, बाप से बेटा और भाई से बहन बिकवाता हूँ। अब और क्या कहें, अपनी तो यही जिंदगानी है। जितना बन पड़े कमा लो, वर्ना यह दुनिया बेगानी है और बेगानों से है अपना साथ, हमें तो निभाना है यह साथ—साथ-साथ, साथ-साथ···

अभिनेता-3 : आक्ख-थू··· (*मशीन से बाहर आकर फौजी अंदाज में परेड करते हुए निकलता है*) साथ-साथ, साथ-साथ··· हमें यह लफ्ज है नाकाबिले बर्दाश्त ···मरदूद ने फिर साथ का नाम लिया, फिर किसी को हमदम कहा, फिर किसी की कजा आई। अपना तो है बस लाठी का साथ, बल्लम का साथ, दुनाली का साथ, तमंचे का साथ (*हँसता है*) और तमंची का साथ। मिल जाए अगर एक दारू की बोतल, और एक तिरछी नजर तो नहीं सोचेंगे कि मारा है इंसान या के मारा है सूअर। ये पैनी-सी मूँछें, ये चौड़ा-सा सीना, इसी पे मयस्सर है अपना तो जीना। अगर पूछो तो महज ये कहूँगा, मिल जाए इशारा तो बना दूँगा कीमा। सिक्यूरिटी गार्ड कहते हैं मुझे, जरा डर के रहना। मालिक का नौकर, लेकिन तुम्हारा खुदा हूँ। हड़तालियों के लिए मैं सुरसा हूँ। कुबेर का भतीजा यह मेरे ही दम पे चलाता है मिल और कराता है दंगे। किसी ने जो दी इंसाफ की दुहाई तो समझ लो उसकी शामत है आई। रहम मेरे पेशे में हरगिज नहीं है, चाहे हो बच्चा या हो लुगाई।

अपना तो धंधा है सबको रखना है साथ। जो जरा गड़बड़ाए उसको देता हूँ लात—साथ-साथ, साथ-साथ…

[साथ-साथ दोहराते हुए परेड करते हुए मशीन में शामिल हो जाता है। मशीन फिर चलकर, थोड़ी देर बाद ताल में चलकर रुकती है।]

सूत्रधार : जी हाँ मेरे भाई! 34 के ऊपर 7, 41 साल से चल रही है यह मशीन। सुई से लेकर तोप तक बेहिचक ढल रही है ये मशीन। मगर एक बात बहुत खटकती है जी! रूह मेरी अँधेरे में भटकती है जी! अगर हो ज्ञात हमें भी बताना, ओ मेरे तात दिल तोड़ के न जाना। कुछ लोग ही हैं—

[इसी संवाद के साथ मशीन एक जन-समूह में परिवर्तित होती है। मिल-मालिक विजय की मुद्रा में खड़ा हुआ और पीछे चारों अभिनेता एक दूसरे की कमर पकड़े हुए मवेशियों की तरह झुके हुए।]

—जो बढ़ते ही गए आसमानों की तरफ़, जिनके हिस्से में हैं इस जहाँ की सभी दौलतें। कारखानों के दहाने हों या हों मजूर, लहलहाते खेत हों या हों किसान—कोई शै ऐसी नहीं जो इनके जबड़ों से हो दूर। और दूसरी तरफ—

[अभिनेता अपनी मुद्रा बदलते हैं—मालिक उन पर कोड़ा-सा चलाता हुआ और बाकी किसी रथ को खींचते हुए।]

—यह है लाखों-करोड़ों मुफलिसों का हुजूम। पिरामिडों से ताज तक जिसने बनाए। फन के माहिर हैं यह खूब। इस धरा से उस गगन तक आज जिनके जोहर की मची है धूम। उनके पेटों में भी दाने नहीं लावारिसों-से रहते वो घूम।

[अभिनेता फिर रुकी हुई मशीन का रूप धारण करते हैं।]

—अजी छोड़ो जी, अजी छोड़ो जी। सवाल कुछ गहरे हैं ये, अजी नाचो जी, अजी कूदो जी, हवाल कुछ टेढ़े हैं ये।

[*मशीन फिर चलती है। उसकी गति बढ़ती है। गड़बड़ाती है और बिखरने के से अंदाज में जाम हो जाती है।*]

सूत्रधार : (*घबराए हुए*) रुक गया यह किसका साज। हो कैसे अब जीवन का नाच। लो रुक गई चलती मशीन, न एक कहा न दो कहा न कहा तीन। चली न मशीन तो खो जाएँगे हवास, रुक गई मशीन तो हो जाएगा सत्यानाश। यह कैसा झमेला है? यह किसने किया है? क्या तुमको पता है? क्या उसने किया है?

अभिनेता-1 : मैंने किया है। (*मशीन से बाहर आकर*) नहीं चलेगी यह मशीन। दम घुटता है मेरा। आखिर मैं भी तो इंसान हूँ।

अभिनेता-4 : (*बाहर आकर*) छोटी सी बात है एक साईकिल स्टैंड नहीं बनवा सकते साले।

अभिनेता-5 : (*बाहर आकर*) एक कैंटीन ही तो माँगा है हमने।

अभिनेता-4 : पाँच-पाँच, दस-दस मील दूर से आते हैं।

अभिनेता-5 : और राजसिंह तो अट्ठारह मील दूर से आता है।

अभिनेता-1 : साईकिल इस बेदर्दी से फैंकता है वह सिक्यूरिटी अफ़सर का बच्चा कि चूल-चूल अलग हो जाती है।

सिक्यूरिटी अफ़सर : (*झपटते हुए बाहर आकर*) अबे ओ साईकिल के बच्चे, वह झाँपड़ दूँगा कि भेजा खुल के बाहर आ जाएगा। तेरे बाप की जमीन है। मालिक ने बनवाई है। यहाँ ट्रक खड़े होंगे, फिर कभी तेरी साईकिल दिखाई दी तो कीड़े की तरह मरोड़ दूँगा।

[*मारने के लिए हाथ उठाता है। अभिनेता-1 भी मारने के लिए हाथ उठाता है। दोनों इसी मुद्रा में थम जाते हैं।*]

अभिनेता-4 : कैंटीन में भी ट्रक खड़ी करना चाहते हैं। दो गज जमीन में भट्टी नहीं लगवा सकते। कब से कह रहे हैं—सुबह का पका दोपहर तक ठंडा हो जाता है। लंच में एक प्याली चाय ही मिल जाए।

मालिक- : (*बाहर आकर*) चाय! रोटी! चाय! रोटी! अरे चाय और रोटी के अलावा कुछ काम भी है तुम्हें!

अभिनेता-4 : आप हमारी बात तो सुनिए।

[उसकी ओर हाथ फैलाता है। मालिक मुँह फेरकर कान बंद कर लेता है। दोनों इसी मुद्रा में थम जाते हैं।]

अभिनेता-5 : देखा आपने, यही होता है। एक तरफ सिक्यूरिटी अफ़सर—खून का प्यासा, दूसरी तरफ मालिक बात करने को भी तैयार नहीं।

सूत्रधार : (*तीनों मजदूर हाथ में हाथ थामे एक तरफ पंक्ति बनाते हैं। गार्ड और मालिक दूसरी तरफ हो जाते हैं*) मरता क्या न करता। हड़ताल। नतीजा आपके सामने है। मशीन गायब, मशीन बंद!

तीनों मजदूर : (*एक साथ*) हेईसा, हेईसा, काम बंद, काम बंद, काम…बंद

[काम बंद का नारा धीमी आवाज़ में जारी रखते हैं।]

सूत्रधार : काम बंद! और उसके बाद?

मालिक : लाठी चार्ज!

सूत्रधार : मार-पीट, दिन-दहाड़े खून-खराबा, जोर जुल्म, लाठी चार्ज!

[सिक्यूरिटी अफ़सर लाठी चार्ज का अभिनय करता है। तीनों मजदूर लाठियों के वार से खुद को बचाते हुए, दबते हुए, गिरते हुए, सिर नीचे कर झुक जाते हैं। सिक्यूरिटी अफ़सर पलटकर मालिक को देखता है। मालिक रुपयों की थैली सिक्यूरिटी अफ़सर की ओर फेंकने का अभिनय करता है। तभी मजदूर फिर उठते हैं। हाथ में हाथ लिए दीवार की तरह आगे बढ़ते हैं और इन्कलाब जिंदाबाद के नारे लगाते हैं। सिक्यूरिटी अफ़सर और मालिक बौखलाकर इधर-उधर भागते हैं।]

मालिक : मिलिट्री! भून डालो सालों को!

[सिक्यूरिटी अफ़सर को बंदूक देने का अभिनय करता है। सिक्यूरिटी अफ़सर फौजी अंदाज में सैल्यूट करता है और बंदूक लेकर धावा बोलता है और मुँह से मशीनगन की आवाज निकालता है। मजदूर गोली खाकर जमीन पर गिर पड़ते हैं।]

सूत्रधार : और चलाओ गोलियाँ। और बरसाओ आग। लेकिन इन गोलियों से आग बुझेगी नहीं। बढ़ता ही जाएगा संघर्ष का यह दावानल।

[तीनों मजदूर फिर उठते हैं। इन्कलाब जिंदाबाद के नारों के साथ सिक्यूरिटी अफ़सर और मालिक की ओर बढ़ते हैं। मालिक भागकर सिक्यूरिटी अफ़सर की ओर बढ़ता है और दोनों पीठ-से-पीठ जोड़े भागने की कोशिश करते हैं। मजदूरों की कतार इन्हें घेर लेती है। मजदूर नारों के साथ उनकी परिक्रमा करते हैं।]

सूत्रधार : बढ़ती ही जाएँगी यह इन्कलाबी टोलियाँ, कौन रोकेगा इन्हें? कौन रोक सकता है मज़दूरों को? कौन? कौन? कौन?

[सभी अभिनेता एक साथ खड़े होकर इंटरनेशनल गीत गाते हैं।]

(अक्तूबर, 1978)

गाँव से शहर तक

[गोलाकार अभिनय-स्थल । सूत्रधार बीच में आकर गाता है ।]

सूत्रधार : शहरे दिल्ली के चुस्तो-चतुर वासियो
मेरे माँ-बाप बहनो, मेरे भाइयो ।
देखो चारों तरफ कातिलों की ये फौज
रोती माँओं की भीड़, भूखे बच्चों का शोर ।

इक तरफ पैसेवालों के जुल्मो-सितम
और दूजी तरफ भूखे नंगों के गम ।
आँखें अपनी यूँ बंद कैसे रख पाओगे ?
यह हक़ीक़त भला कैसे ठुकराओगे ?

[अभिनय-स्थल की अलग-अलग दिशाओं से पाँच अभिनेता उठकर बीच में आते हैं । गोल दायरा बनाकर खड़े हो जाते हैं । दर्शकों को संबोधित कर सूत्रधार के साथ गाते हैं ।]

सब : यह हकीकत भला कैसे ठुकराओगे ?
यह हकीकत भला कैसे ठुकराओगे ?

अभिनेता : (*दर्शकों के बीच से*) अरे यह क्या शोर मचा रक्खा है । गाना ही है तो कोई ढंग का गाना गाओ ।

सूत्रधार : भाई साहब, आपकी तारीफ ?

सब : आपकी तारीफ ?

बाबू : अरे हमारी तारीफ तो दुनिया करती है, तुम बताओ, तुमने यह क्या झमेला मचा रक्खा है ?

सूत्रधार : झमेला ?

सब : झमेला ?

बाबू : हाँ-हाँ झमेला । चार आवारा छोकरे क्या इकट्ठे कर लिए, आसमान सिर पे उठा रक्खा है । मैं

पूछता हूँ इस देश में किसी को शांति से रहने का हक है कि नहीं ?

सूत्रधार : इस देश में किसी को शांति से रहने का कोई हक नहीं है ।

बाबू : यह सब फसादियों की बकवास है । मैं बताता हूँ मैं हूँ एक बाबू ! बड़े दफ्तर में एल. डी.सी. हूँ । देखिए साहब, हम तो एक ही बात जानते हैं । शांति के साथ बैठकर दो वक्त का खाना मिल जाए,
और क्या चाहिए मुझे ?
कपड़े साफ-सुथरे हों,
धुले हों, प्रेस किए हों ।
छोटा-सा एक घर हो—
चाहे किराए का ही हो,
अपना न सही
पड़ोसी का टी.वी. हो ।
जिंदगी हमेशा आराम की रही हो,
सो बात नहीं है ।
तन्ख्वाह भी ज्यादा नहीं है,
लेकिन जो भी कुछ है
भगवान का शुक्र है ।
सुबह शाम आपके पास
एक बँधा हुआ काम हो
एक नौकरी हो, छोटी ही सही ।
तो लगता है आप सुखी हैं
आपको नहीं लगता ?
—मुझे तो लगता है
और फिर इस देश से ज्यादा अमन-चैन कहाँ होगा ?
यहाँ की धरती सोना उगलती है,
नदियों के बहाने चाँदी बहती है ! इस ज़मीन पर
इस जगह कैसी शांति है
सामने से उठता हुआ वो फैक्ट्री का धुआँ,
कतारों में चलती ये मोटर गाड़ियाँ,
सिनेमा हाल के सामने खड़े लोगों की भीड़ ।

कैसा खुशगवार है यह सारा माहौल !
और यह शोर भी किसी गीत की तरंग लगता है !

सूत्रधार : यह शोर भी किसी गीत की तरंग लगता है ।

[बाकी पाँच अभिनेता बीच में दर्शकों की ओर मुँह किए एक गोल दायरे में बैठ जाते हैं ।]

सूत्रधार : इसने कहा कि शोर है इक गीत की तरंग
आओ तुम्हें दिखाऊँ मैं इक दूसरा ही रंग ।
इस शहर से इस भीड़ से इन मोटरों से दूर
देखो पड़ा है गाँव वो जुल्मो-सितम से चूर ।

[एक अभिनेता उठकर अभिनय-स्थल के उस स्थान पर जाकर बैठता है जिस ओर सूत्रधार इशारा करता है । बाकी अभिनेता गाते हैं ।]

गुमसुम सा जो बैठा है इस धरती का लाल है,
बैल इसका चल बसा है और यह फटेहाल है ।

[बाकी अभिनेता दोहराते हैं । सूत्रधार बाबू को हाथ से खींचकर गोल दायरे में बैठाता है और खुद भी बैठ जाता है ।]

किसान : बारिस नाय भई तो पानी के लाले,
हुई तो ऐसी कि गाँव के गाँव बह गयो ।
अब करो खेती,
उगाओ धान ।
यहाँ तो जेठ भी बैरी
सावन भी दुसमन ।
आप लोग तो समझे हैं कि किसानन के वारे-न्यारे हैं,
जब जी चाहा काम करो,
जी नाय करै तो नाय सही ।
हाड़-मांस गलाय के जुताई करो,
मगर बीज तो है ई न,
और खाद को भैया अल्ला ही बेली है ।
ऊ का केहवे है—'कूपरेटी'
सो लल्ला कूपरेटीवालन को चटावै को कहाँ से लावैं,
तिस पे तुर्रा ये कि कूपरेटी
किसानन के लिए बने हैं
आबकारीवारे ठहरे बड़े चौधरी के सगे,

सो पानी भैया उनन को मिलेगा या हमै ।

[*बीच में से एक कलाकार उठता है ।*]

राम-राम लाला जी! धन भाग हमारौ, मैं तो आपके ही पास आ रहे हो, बहुत दिनन ते आपके दर्शन नाए भए ।

महाजन : राम-राम कलुआ, कैसे हो? फसल कैसी रही अबकै? भई कुछ हमारा भी ख्याल रक्खा करो। सुना है तेरा बैल नहीं रहा । हाँ कलुआ, ईश्वर की करनी को कौन टौल सकता है; अब तो भैया इस विपत्ति का तुम्हें ही धीरज से मुकाबला करना होगा ।

कलुआ : सो तो ठीक है महाराज, लेकिन खेती का क्या होगा। यहाँ तो पहले ही आफत ही; बीज और खाद जुटाने के ही पैसे न हे, अब ये मार और ऊपर से बैल चल बसा । अब तो आपसे ही कुछ उम्मीद थी ।

महाजन : हमें तो हमेशा तुम्हारा ही ख्याल रहता है । बैल था भी कितना खूबसूरत! देखते ही प्यार उतर आता था। वो गोल-गोल आँखें!

कलुआ : पर महाराज, अब तो नए बैल की दरकार है। अगर काम कुछ वक्त से शुरू हो जाता तो आपका ऊ चुकाने की सोचते ।

महाजन : धन्य हो, धन्य हो । भगवान की कैसी कृपा है! कम-से-कम तूने हमारे बारे में सोचा तो सही। हम तो समझे थे भूल ही गए भोले-भगवान ।

कलुआ : सर्मिंदा न करो महाराज, आपकी पाई-पाई चुकानी है। वो तो मजबूरी है, नहीं तो ऐसा मौका कभी नहीं आन देते ।

महाजन : जय श्री कृष्ण । जय श्री कृष्ण! मजबूरी पर तेरा ही अधिकार नहीं है कलुआ, कुछ हमारी भी है। (*दर्शकों से*) अब देखिए न, तीन साल हो गए । मूल की कौन कहे, ब्याज भी अखरता है इसे । भाग्य में सुख-ही-सुख लिखाकर लाए हो कलुआ कि रुपया लिया और भूल गए । दुःख-दर्द तो बस हमारी ही किस्मत में लिखा है । (*दर्शकों से*) इन्हें पैसा दीजिए, जोखिम उठाइए, ब्याज का हिसाब-

किताब रखिए और फिर इनकी राह तकिए! (*कलुआ से*) नहीं, कलुआ नहीं, इस बार ऐसे नहीं चलेगा। मूल न हो तो न सही, लेकिन ब्याज लिए बगैर एक पाई भी नहीं दूँगा—हाँ—

कलुआ : महाराज, बेमौत मारे जाएँगे। घर में बच्चे भूखे रो रहे हैं। पल्ले में छदाम भी नहीं है। अब आप भी कृपा नहीं करोगे तो जिंदा ही मारे जाएँगे।

[*तीसरा अभिनेता उठता है।*]

अभिनेता-3 : अरे कौन मारा जाएगा कलुआ! सुबह-सुबह कैसी बातें कर रहा है रे? राम राम लाला जी।

कलुआ : पाँय लागूँ—चौधरी साहब!

महाजन : राम-राम चौधरी! अरे इस वक्त तो हमीं मरने का प्रबंध कर रहे हैं। यह तुम्हारी रियाया है न—कलुआ, एक बार पैसा लेकर देने का नाम ही नहीं लेते। दुनिया-भर की फसलें तो बढ़ रही हैं और एक यह कलुआ है, न सावन हरे न भादों सूखे।

कलुआ : हजूर, दो एकड़ में क्या बढ़ोत्तरी और क्या घटोत्तरी। भगवान की सौगंध काका, जमीन का पेट भरने में ही बारह मास निकल जाते हैं। बचत की कौन कहे, तिस पे बैल चल बसा। लाला जी से उम्मीद थी सो वो भी हमारी नहीं सुनते।

चौधरी : किस-किस को सुनाओगे यह दास्ताने-दर्द मेरे दोस्त, ज़िंदगी बहुत तल्ख है। है बहारे बाग दुनिया चंद रोज! इस जहाने-फानी में कभी बैल मरता है, कभी इंसान। लेकिन तुम्हें इस सबसे क्या गरज। तुम लोगों की फिक्र तो हमें मारे डालती है। जब जमींदारी थी तब भी तुम्हारी सोचते थे, अब नहीं रही तो भी तुम्हारी ही फिक्र में लगे रहते हैं।

कलुआ : सरकार, आप ही बताइए कुछ हल हो सके तो।

चौधरी : मेरे यार, यह दुनिया बहुत खुदगर्ज़ है। यहाँ नेता से लेकर घसीटा तक सबको अपनी पड़ी है। लेकिन अगर तकलीफों से नजात चाहते हो तो याद रक्खो—खुदा ने सबके काम तकसीम किए हैं। जैसे बया का काम है घोंसला बनाना और कोयल

का काम है दूसरों के घोंसलों में अंडे देना। वैसे ही, बिलकुल वैसे ही तुम्हारा काम है खेत जोतना और हमारा काम है जमीन की देखभाल करना। लाला जी, वह शायर ने क्या कहा है—'मिटा दे अपनी हस्ती को अगर कुछ मरतबा चाहे, कि दाना खाक में मिलकर गुलो-गुलजार होता है।'

कलुआ : सरकार, आप पढ़े-लिखे हैं, कुछ समझा के बताइए।

चौधरी : दो और दो मिलकर कितने होते हैं?

कलुआ : चार।

चौधरी : और चार दो से ज्यादा होते हैं कि नहीं?

कलुआ : होते हैं।

चौधरी : तुम्हारी 2 एकड़ और हमारी 20 एकड़, मिलकर हुई 22 एकड़। अब बाईस दो से ज्यादा हुए न?

कलुआ : हुए।

चौधरी : बस यही है काम की बात। अपनी दो एकड़ को बाईस एकड़ बन जाने दो, फिर देखो। तुम्हारी जमीन सोना उगलेगी। बढ़िया-से-बढ़िया बीज, महँगी-से-महँगी खाद। नए-से-नए ट्रैक्टर। तुम्हारे खेत लहलहा उठेंगे। सारी जिम्मेदारी हमारे हवाले करो और सुख-चैन से रहो। काम की तुम्हें चिंता नहीं होने देंगे। लाला जी, एक शेर और याद आ रहा है—
'जिस खेत से दहकाँ को मयस्सर न हो रोटी,
उस खेत को अब तुम मेरी धरती में मिला दो!'

महाजन : वाह! वाह! क्या सोलह आने की बात कही है। अरे हम भी तो इस मूर्ख से यही कह रहे हैं कि कब तक उस ऊसर में तन खपाता रहेगा।

कलुआ : ऊसर मत ना कहो लाला जी!

चौधरी : अरे कलुआ, हम तेरे जजबात की कद्र करते हैं, पर ट्यूबवैल लगवाने के लिए मूर्ख, जजबात की नहीं, पैसों की जरूरत होती है।

महाजन : और वही एक चीज भगवान ने तुझे दी नहीं।

चौधरी : देख कलुआ, दो हजार तक तो मैं अभी दे दूँगा। आगे तेरी अपनी समझ।

महाजन : क्या? क्या कहा—दो हजार! चौधरी साहब, मजाक करना तो कोई आप से सीखे (*दर्शकों से*) देखा आपने, हा...हा...हा... चौधरी साहब दो एकड़ के दो हजार दे रहे हैं हा...हा... (*चौधरी से*) चौधरी सा'ब, यह तो बहुत कम हैं।

चौधरी : लाला, हमें आखिर एक-दूसरे का ख्याल तो रखना ही पड़ेगा। बताइए कलुआ पर आपके कितने पैसे निकलते हैं?

महाजन : देखिए, मेरा मतलब यह हरगिज नहीं था। रुपया-पैसा तो आनी-जानी चीज है, आज है कल नहीं है। लेकिन सौदा तो माल देखकर ही करना चाहिए न? (*दर्शकों से*) अब देखिए न, मुझे जमीन-जायदाद की कोई पहचान नहीं है, फिर भी मैं होता तो तीन हजार ही कहता।

चौधरी : (*हँसता है*) लाला जी, आप बड़े फराकदिल इंसान हैं। हमें याद है, झगडू नाई की पछाँई गाय आपने कुल 150 रुपए में आँकी थी। अब आप जिस पर मेहरबान, उसे शैतान का क्या खौफ?

महाजन : देखिए—देखिए चौधरी सा'ब, धंधे के मामले में मैं कोई दखलंदाजी बर्दाश्त नहीं कर सकता। मूल और ब्याज मिलाकर पूरे सवा तीन हजार बनते हैं। (*कलुआ की तरफ बढ़कर*) गरीब आदमी है, मैंने सोचा, तीन हजार में ही छोड़ दूँ।

[*कलुआ को धक्का देता है। वह दूर जाकर गिर पड़ता है।*]

चौधरी : लाला, तुम बड़े घाघ हो।

महाजन : अरे चर्चे तो तुम्हारे भी बहुत दूर-दूर तक हैं।

कलुआ : लेकिन मेरी भी तो सुनिए सरकार!

महाजन : (*दहाड़कर*) अरे तू तो बके ही मत (*कलुआ डरकर गिर पड़ता है*) दो हजार में चौधरी को अपना खेत बेचकर मेरे पेट पर लात मारना चाहता है।

कलुआ : पर सरकार, मैं तो अपनी जमीन बेचना ही नहीं चाहता।

महाजन : तेरा तो विश्वास ही नहीं किया जा सकता। हिसाब-किताब चुकता कर दे वरना घर-बार

बिकवा दूँगा। कुड़की करवा दूँगा बेटे ! कमबख्त चोर का भाई गिरहकट !

चौधरी : (*डाँटकर*) लाला, जबान सँभाल कर बात करो ! कलुआ चमार हुआ तो क्या, आखिर है तो इंसान और वह भी हमारे गाँव का। आज ही भिजवा दूँगा तीन हजार का चैक। जमीन-जायदाद के कागजात फौरन तैयार करवाओ। (*कलुआ से*) बदनसीब कहीं के ! कितनी बार तुझे होशियार किया था, इन बनियों के चंगुल में मत फँसियो—ये तो बदन से खाल खींच लेते हैं !

कलुआ : पर सरकार···

चौधरी : अरे अब तुझे काहे की फिकर है ? जब तक इस गाँव नें चौधरी फतेहसिंह मौजूद है कोई तेरा बाल भी बाँका नहीं कर सकता।

[*महाजन की तरफ पलटता है भाव बदलते हैं। मुस्कराकर हाथ बढ़ाए महाजन की ओर जाता है।*]

लाला जी, पूरे तीन हजार दे रहा हूँ, कागजात जल्दी तैयार कराइए।

[*उधर से महाजन आगे बढ़ता है। दोनों बीच में बैठे अभिनेताओं के ऊपर हाथ मिलाने की मुद्रा में मुस्कराते हुए थम जाते हैं।*]

कलुआ : (*रोकर*) लेकिन मेरा क्या होगा ? मैं कहाँ जाऊँगा ? कहाँ रहूँगा। मेरा खेत, मेरी जमीन···

[*सिर पकड़कर बैठ जाता है। बीच में सूत्रधार उठता है। महाजन और चौधरी उसी मुद्रा में स्थिर रहते हैं।*]

सूत्रधार : खेत छीना गया, काम सारा गया,
ज़िंदगी का अकेला सहारा गया।

[*महाजन और चौधरी की ओर इशारा करते हुए।*]

वो जो हमदर्द थे उसके बनते कभी,
थे तबाही में वह उसकी शामिल सभी।

[*कलुआ सिर लटकाए उठता है। धीरे-धीरे अभिनय-स्थल की परिधि में चलता है।*

चौधरी और महाजन, जो कि अभी तक एक-दूसरे का हाथ पकड़े हैं, हाथ ऊपर करते हैं। लगता है एक बड़ा द्वार बन गया हो।]

आँखें नीची किए, अपने गम को पिए
जानिबे शहर उसने कदम कर दिए।

[कलुआ द्वार में प्रवेश करता है। सूत्रधार, चौथा और पाँचवाँ अभिनेता उछलकर अभिनय-स्थल के एक ओर जाते हैं। बाबू बीच में हक्का-बक्का बैठा रह जाता है। महाजन और चौधरी पुलिस-कैंप लगाकर दूसरी ओर तैनात हो जाते हैं। कलुआ डरकर एक ओर कोने में गिरता है। सूत्रधार, चौथा और पाँचवाँ अभिनेता नारे लगाते हैं।]

चौथा : इन्कलाब जिंदाबाद (*बाकी दोनों दोहराते हैं*)।

पाँचवाँ : शिक्षा को रोजगार से जोड़ो (*दोनों दोहराते हैं*)।

बाबू : मौका अच्छा है। सब माँग रहे हैं तो मैं भी क्यों न माँगूँ?

चौथा : इन्कलाब जिंदाबाद (*दोनों दोहराते हैं*)।

बाबू : (*घबराते हुए*) महँगाई भत्ता ले के रहेंगे।

महाजन : (*जो अब हवलदार बना खड़ा है*) अबे बाबू होकर इन्कलाब करता है? तेरी ऐसी की तैसी।

[बाबू भागता है। पुलिसवाले मार-पीट करते हैं। चौथा, पाँचवाँ और सूत्रधार 'इन्कलाब जिंदाबाद' के नारे लगाते हुए गोल-गोल भागते हैं। पीछे-पीछे पुलिसवाले। चौथे अभिनेता को दोनों पकड़कर मारते हैं। वह गिर पड़ता है। सभी अभिनेता फिर गोलाकार दायरे में बैठ जाते हैं।]

कलुआ : (*चौथे अभिनेता के पास आकर*) क्यों भाई, यह पुलिसवाला। क्यों पीट रहा था?

चौथा : (*कपड़े झाड़कर उठता है*) एक घंटे की टोकन स्ट्राइक की थी। सालों ने मिनटों में पुलिस को बुला लिया। एक हराम का जना सुपरवाईजर है और उसका खसम है मैनेजर। मेरे यार आदमी को आदमी ही नहीं समझते। सवेरे 9 बजे से गुलामी

कर रहा हूँ, तीन शिफ्टों का माल एक शिफ्ट में तैयार कर दिया, फिर भी वही चख-चख। उनका बाप है वो मालिक, कहता है 'नौकरी करनी है तो ढंग से करो, वरना रास्ता नापो।' तन्ख्वाह देता है 8 घंटे की और काम कराता है दस घंटे। एक रोना हो तो भुगतें भी। 300 पे दस्तखत ले के पकड़ाता है 200। अब दो सौ में क्या खाऊँ और क्या पहनूँ। गुस्सा तो आता है, पर कहती लल्लू की माँ भी ठीक है। मजाल है जो साल-भर में एक भी नया कपड़ा बनाया हो, सारा जाड़ा एक फटे कंबल में गुजार दिया। भगवान किसी को मजदूर न बनाए। पर सुना है, विलायत में मजदूरों के मजे हैं, सब काम कायदे से होता है। वक्त पे काम करो, वक्त पे तन्ख्वाह लो, छुट्टी लो। यूनियनें जो बनी हैं। और एक हम हैं। रामप्रसाद ने लाल झंडा यूनियन बनाने की कोशिश की तो सालों ने अगले दिन काम से निकाल दिया। गुंडों से मरम्मत कराई सो अलग। अब बनाओ यूनियन। इसी बूते पर हरामजादों की हर साल नई कोठी बन जाती है, नई फैक्ट्री भी खुल रही हैं। पर बोनस के नाम पर वह ऐसा आँख दिखाता है जैसे कच्चा चबा जाएगा। इस साले देश में राँड का जमाई कोई है तो बस मजदूर है—न जिंदों में न मरों में। (*कलुआ से*) अब कल की ही बात ले लो। चचा के मरने पर गाँव जाना था। एक दिन की छुट्टी माँगी, फौरन सुपरवाइजर को बुला लिया। दोनों ने मिलकर ऐसे आँसू बहाए जैसे मेरे चचा नहीं, उनके बाप मर गए हों। पर छुट्टी के नाम पर वही ढाक के तीन पात। मैनेजर साहब से कहा तो बोले—गाँव में ही रहो, वापस मत आना।

कलुआ : भैया, यहाँ कुछ काम नहीं मिल जाएगा?

मजदूर : (*उससे दूर भागता है*) अबे तेरा दिमाग खराब हो गया है क्या—दिल्ली में आकर काम ढूँढ़ रहा है। यह भीड़ बैठी नहीं देख रहा? यह सब बेरोजगार

हैं । तभी तो मजमा लगा रक्खा है । वैसे आए कहाँ से हो ?

कलुआ : भैया, गाँव से आया हूँ । वहाँ तो कुछ बचो न, सुनो है शहर में काम-धंधो अच्छो है ।

मजदूर : कुछ दिन रहकर देख लो, खुद ही मालूम हो जाएगा । वैसे गाँव में खेती क्यों नहीं करते ?

कलुआ : खेती करने के लिए खेत चाहिए लल्ला ! खेत तो हड़प लीनो चौधरी ने और उसके साथ लाला ने ।

मजदूर : यह तो बिलकुल मेरे बाप की कहानी है ।

सूत्रधार : (*उठकर दर्शकों से*) घर-घर की यही कहानी है । बेरोजगारी, महँगाई, भुखमरी; तिस पर वेतन-कटौती, ज़बरन डिपाजिट, बोनस बंद । यूनियन के दफ्तर दरख्वास्तों से भरे पड़े हैं । कोई एक मजदूर भी ऐसा नहीं जिसे मालिकों ने परेशान न किया हो । बोनस के मामले में मालिक से लेकर लेबर कमिश्नर तक सबका एक ही रवैया है—बातचीत चल रही है, थोड़ा सब्र कीजिए । कोई न कोई हल जरूर निकल आएगा । हल जो निकलेगा वह हमें मालूम है । कई बार तो ऐसा गुस्सा आता है कि बस ! इस बार देखते-ही-देखते बहीखातों में गड़बड़ कर दी । अकाउंटेंट साहब भी क्या करते, बेचारे जईफ आदमी हैं । हमने जाकर मिनिस्टर से शिकायत की तो उल्टा हमें ही धमकाने लगा, तुमने कंपनी के गुप्त कागजात क्यूँ पढ़े । और जब हिसाब-किताब की धाँधली करके हमारा बोनस काट लिया तब कोई माई का लाल नहीं बोला कि मजदूरों पर अन्याय हुआ है ।

[*बाबू और पाँचवाँ अभिनेता सिर से सिर जोड़कर और झुककर एक-दूसरे की पीठ पर हाथ रख खड़े होते हैं । लगता है भाषण देने का पोडियम है । उसके एक ओर पोडियम पर हाथ टेक चौधरी खड़ा होता है । अब वह फैक्ट्री का मालिक है और उसके पीछे महाजन, उसका चमचा ।*]

मालिक : हड़तालों के विस्तार पर रोकथाम होनी चाहिए।

मजदूर : तालाबंदी भी रुकेगी या नहीं।

मालिक : व्यापार में मंदी को देखते हुए यह आवश्यक हो गया है कि वेतन-वृद्धि के हिंसात्मक स्वरूप को परिसीमित किया जाए।

सूत्रधार : अजीब बात है, मंदी के बाद भी दाम बढ़ रहे हैं।

मालिक : उद्योगपतियों के पास अधिक धन होगा तो व्यापार में वृद्धि होगी। जनजीवन सुखी होगा। रोजगार की संभावनाएँ बढ़ेंगी।

सूत्रधार : (*दर्शकों से*) शेर और सारस की कहानी तो आपने सुनी होगी। शेर के मुँह से काँटा निकालने के चक्कर में सारस को अपनी गर्दन बचानी भारी पड़ गई थी। अब देखिए, कीमतें भी बढ़ गईं, तन्खाएँ वही की वहीं हैं। बोनस कट गया, जबरन डिपाजिट हो गया लेकिन रोजगार कितनों को मिला? बेरोजगारों की कतार दिन-ब-दिन और लंबी हो रही है। एक बार जो सेठ जी के चंगुल में आ गया उसे बाहर कौन निकलवाएगा।

मालिक : नए उद्योग धंधे लगाए जा रहे हैं।

मजदूर : हाँ, पुरानों को बंद करके। उनके मजदूरों को दर-दर का भिखारी बनाकर और उसके लीडरों को जेलों में भरकर।

मालिक : यूनियनों की आवश्यकता ही क्या है। यह श्रमिकों का चित्त चंचल करती है। उन्नति के पथ में बाधा डालती है। बाहर के व्यक्तियों को यूनियनों में कदापि सम्मिलित न किया जाए।

सूत्रधार : पुलिस की आवश्यकता ही क्या है। उसके बूते पर यह लोग बेलगाम हो जाते हैं, मनमानी करते हैं।

मालिक : अब यह अत्याचार असह्य हो चुका है। भुखमरों और भिखमंगों ने जीना हराम कर दिया है। अब न पूजा-पाठ में ध्यान लगता है, न गीत-संगीत में। द्वार-रक्षकों से घिरे प्रासाद में भी भय लगता है। धन्यवाद।

[पलटकर जाता है। पीछे-पीछे चमचा। बाबू बैठता है। पाँचवाँ अभिनेता मालिक के

कंधे पर हाथ रखता है।]

पाँचवाँ : ज़रा मेरी भी सुनते जाइए (*दर्शकों से*) कल तक मैं छात्र था, आज मैं बेरोजगार हूँ और यही फैक्ट्री का मालिक एक और मुखौटा लगाए अपने पैसे के बल पर कालिज की गवर्निंग बाडी का चेयरमैन बना बैठा है। हाँ, तो चेयरमैन साहब, ज़रा मुझे भी बताइए, सोलह साल स्कूल- कॉलिज में बिताने के बाद अगर यही कुछ मिलना था तो पढ़ने-लिखने की जरूरत ही क्या थी? अब यह डिग्री गले में लटकाकर घूमूँ! और आपका ही बेटा मेरी ही क्लास में पढ़ता था। थर्ड डिवीजन में पास होने पर भी आपकी फैक्ट्री का मैनेजर बना बैठा है, लाखों के बारे-न्यारे करता है और एक मैं हूँ बदनसीब। जहाँ भी जाओ, लंबी-लंबी लाइनें। चपरासी भी ऐसे बात करता है, जैसे उनके बाप का नौकर हूँ। उस पर तुर्रा यह कि देश तरक्की कर रहा है।

मालिक : शांत-शांत, मेरे बेटे शांत। कर्मण्ये वाधिकारस्ते मा फलेषु कदाचन्ः।

चमचा : कदाचन्ः!

मालिक : अपने चेहरे से पश्चिमी सभ्यता का चश्मा उतार।

चमचा : उतार।

मालिक : भारतीय संस्कृति को अपनी आँखों से देख।

चमचा : देख।

मालिक : तेरे कंधों पर देश के भविष्य का भार है।

चमचा : भार है।

मालिक : अगर तू भी इन नारेबाजियों में फँस गया तो देश का क्या होगा?

चमचा : क्या होगा?

मालिक : यू-मे-गो।

चमचा : गो…

[*दोनों मुड़कर अभिनय-स्थल के एक कोने में जाते हैं।*]

छात्र : जहन्नुम में जाओ! एक एटम बम पड़े और सब तहस-नहस हो जाए।

कलुआ : अरे भैया, घरवालों का भी तो कुछ ख्याल करो।

एटम बम से तो सुना है, खेती-बाड़ी सब बरबाद हो जाती है।

छात्र : भाड़ में जाए सबकुछ। आग बरसनी चाहिए आग।

बाबू : मेरे उस्ताद, इतना गर्म मत हो। हमने सब देखा है। हम तुम्हारा साथ देंगे। हमें भी अब आग की तलाश है।

सूत्रधार : आग, हाँ हमें आग चाहिए। लेकिन इस आग को काबू में रखना होगा। (*कलुआ, मजदूर, बाबू और छात्र जो एक साथ खड़े हैं, उन्हें संबोधित करके*) लोहे की दीवारों से सर टकराने से कुछ नहीं होगा। आओ, कंधे से कंधा मिलाकर आगे बढ़ो। वह जो अनजान है उनको समझाओ कि दुःख-दर्द खुदगर्ज इंसानों ने पैदा किए हैं। खुदगर्जी की जमात को पहचानो। (*मालिक और चमचा एक तरफ खड़े उसे देख रहे हैं। उनकी ओर इशारा करके*) यही कहीं जमींदार, कहीं महाजन, कहीं फैक्ट्री-मालिक, कहीं मैनेजर और कहीं गवर्निंग बाडी के चेयरमैन हैं। मेरे देश के मजदूरो, मेरी धरती के लालो, मेरे देश के आवारा बच्चो—आओ एकजुट हो जाओ और पहचान लो कि केवल एक ही रास्ता है—मेहनतकश एकता का रास्ता। बोलो मेरे साथ--हमारी माँगें—

चारों : पूरी करो।

मालिक : बोनस माँगनेवाले—

चमचा : देश के दुश्मन।

कलुआ : जो जोतेगा—

चारों : वो काटेगा।

चमचा : जमीन माँगनेवाले—

मालिक : देश के दुश्मन।

छात्र : शिक्षा को—

चारों : रोजगार से जोड़ो।

मालिक : विद्यार्थियो—

चमचा : राजनीति से दूर रहो।

सूत्रधार : (*बीच में आकर दर्शकों से*) आँखें खोलकर देखो—

चाहे गाँव का खेत या शहर की राह,
हर तरफ से उमड़ती है चीखो पुकार।
जिस तरफ आँखें फेरो यही पाओगे
यह हकीकत भला कैसे ठुकराओगे।

[*बाकी सभी पात्र फिर गोल दायरा बनाकर घूमते हैं। हर टुकड़े की अंतिम पंक्ति को दोहराते हुए।*]

सूत्रधार : शहरे दिल्ली के चुस्तो चतुर वासियो,
मेरे माँ-बाप-बहनो मेरे भाइयो !

सभी : यह हकीकत भला कैसे ठुकराओगे...

सूत्रधार : अपने घर से निकल आओ बाहर ज़रा,
तेरे द्वार के आगे ही संकट खड़ा।

सभी : यह हकीकत भला कैसे ठुकराओगे...

सूत्रधार : वह जो मालूम हैं उनको पहचान लो,
संग उनके चलो हाथ में हाथ लो।

सभी : संग उनके चलो हाथ में हाथ लो,
यह हकीकत भला कैसे ठुकराओगे।

(नवंबर,1978)

राजा का बाजा

[पाँच दानव हाथ थामकर नाचते हैं। दायरे के बीच में लाईन बनाकर बैठते हैं, पहला खड़ा रहता है।]

पहला : दौलत मेरी ग्याभन गाय, शिक्षा घर का बैल,
फैक्टरियों की थानेदारी, संसद मेरी रखैल।

[बाकी चारों दोहराते हैं। दूसरा खड़ा रहता है। बाकी चार तराजू बनाते हैं।]

दूसरा : लाखों का धंधा है अपना, थोक की है ब्यौपारी,
शेयर बजार पे हरदम रखता चौकस पहरेदारी।

[बाकी चारों दोहराते हैं। तीसरा किसान बनता है। बाकी चार बैल बनते हैं।]

तीसरा :गेहूँ चावल ज्वार बाजरा, बीझड़ चना मसूर,
गन्ना, गुड़ चीनी पर पूरा हक है मेरा हजूर!

[बाकी चारों दोहराते हैं। कोर्ट का सीन बनता है।]

[आर्डर-आर्डर]

चौथा : कोर्ट कचहरी दीवानी कानून न्याय इंसाफ,
अधिकार है सब पर मेरा कभी करूँ ना माफ।

[बाकी दोहराते हैं। चार की मेज बनती है।]

पाँचवाँ : नौकरशाही तकनीकीशाही अफसरी वकीली,
पूर्ण किलेबंदी कर ली है, ले तलवार नुकीली।

[बाकी चारों दोहराते हैं। एक शिक्षित बेरोजगार युवक रामेश्वर आता है।]

रामेश्वर : हैलो, थोड़ी जगह बनाइए, मुझे भी अंदर आने दीजिए।

[पाँचों उसकी तरफ इशारा करते हैं।]

पाँचों : ले तलवार नुकीली हो ले तलवार नुकीली।

रामेश्वर : भाई साहब, क्या मैं भी इस कारवाँ में शामिल हो सकता हूँ? मैं सबके पीछे ही रहूँगा, और बहुत थोड़ी-सी जगह लूँगा।

[रामेश्वर दयाल पकड़ने के लिए आता है लेकिन पकड़ नहीं पाता। दानव दायरे का आधा चक्कर लगाते हैं।]

पाँचों : ले तलवार नुकीली हो ले तलवार नुकीली।

रामेश्वर : सरकार, माई-बाप, बड़े साब, मैं हाथ जोड़कर विनती करता हूँ। प्लीज सर, मैं कितना लंबा सफर तय करके यहाँ तक पहुँचा हूँ। मुझे भी आने दीजिए।

[पाँचों उसकी तरफ इशारा करते हुए बढ़ते हैं। रामेश्वर दयाल गिरता है।]

पाँचों : ले तलवार नुकीली हो ले तलवार नुकीली।

रामेश्वर : (*दहाड़ते हुए*) बहुत हो गया। ये जानवरों का-सा बरताव मुझे मंजूर नहीं। आखिर मैं भी इंसान हूँ। दौलत, ताकत, शिक्षा और पूरे देश पर तुम्हारी ये इजारेदारी मुझे मंजूर नहीं। मैं इसे अस्वीकार करता हूँ।

[पाँचों दोहराते हुए रामेश्वर दयाल को एक छोटे दायरे में जकड़ लेते हैं।]

पाँचों : कोई वहशी भूले से गर हमसे टकरा जाए,
हम पाँचों के चक्रव्यूह से कभी निकल ना पाए।
कभी निकल ना पाए कभी निकल ना पाए।

[रामेश्वर को घेरकर अपनी लपेट में लेते हैं।]

रामेश्वर : मैं रामेश्वर दयाल।

सूत्रधार : एक अभागा बेकार। आम आदमी की संतान। माँ-बाप का इकलौता सहारा।

रामेश्वर : स्कूल गया, कालेज गया पढ़ा लिखा दिन रात,
लेकिन आज हूँ कई बरसों से बेरोजगार।

सूत्रधार : राहों की गर्द फाँकता
दरवाजों को खटखटाता
अर्जियाँ लिखता, याचनाएँ करता—

रामेश्वर : हर जगह से लौटा हूँ मायूस।

सूत्रधार : कौन है इसका जिम्मेदार?

रामेश्वर : मुझे नहीं मालूम,
लेकिन ये सब
बहुत पहले से
शुरू हुआ था।
जब मुझे स्कूल में सिखाया गया था
प्रार्थना करना
हाथ जोड़कर
रोज सुबह।

[*सब लाइन में खड़े होकर प्रार्थना करते हैं।*]

सब : ता थेई, ता था गा,
रोटी खा ना, ना खा गा
राजा का बाजा बजा तू
राजा का बाजा बजा
आ, राजा का बाजा बजा।
सच मत कह चुप रह,
स्वामी सच मत कह चुप रह
चुप रह, सह सह सह सह
राजा का बाजा बजा,
आ राजा का बाजा बजा।
राशन··· न··· न··· न··· न··· न
ईंधन··· न··· न··· न··· न··· न
बरतन··· ठन··· ठन··· ठन··· ठन··· ठन
खाली बरतन··· ठन··· ठन··· ठन
जन गन्न मन अधिनायक
उन्नायक पतवार, उन्नायक पतवार,
उन्नायक पतवार, उन्ननायक···
तन मन वेतन
सब अपने सब अर्पण कर
सब अर्पण कर तू
स्वामी सब अर्पण कर तू
झटपट कर श्रम से ना डर तू,
श्रम से ना डर तू
आ राजा का बाजा बजा
ता थेई ता था गा,

रोटी खा ना, ना खा गा,
राजा का बाजा बजा तू
राजा का बाजा बजा
आ, राजा का बाजा बजा।

[सब घंटी की आवाज बजाते हुए बैठ जाते हैं। रामेश्वर बीच में खड़ा रहता है। प्रति कोरस के अभिनेता अपनी जगह खड़े होते हैं।]

प्रतिकोरस : बेटे, तुम बड़े होकर क्या बनोगे?

रामेश्वर : मम्मी, मैं तो सीखूँगा मोटर चलाना।

प्रतिकोरस : हा··· हा··· हा··· हा··· हा···

[पाँचों साथ-साथ गाते हैं।]

सब : मम्मी मैं तो सीखूँगा मोटर चलाना
साइकिल नहीं लूँगा मैं रिक्शा नहीं लूँगा
—

रामेश्वर : पों-पों!

सब : मुझे मोटर ड्राइवर बनाना।
मम्मी मैं तो सीखूँगा लाठी चलाना
दफ्तर ना जाऊँगा, लिखूँ न पढूँगा
—

रामेश्वर : लाठी चार्ज।

सब : मुझे पुलिस अफ़िसर बनाना।
मम्मी मैं तो सीखूँगा, भाषण पिलाना
जेल न जाऊँगा, ऐश मैं करूँगा
—

रामेश्वर : भाइयो और बहनो!

सब : मुझे भारत का मंत्री बनाना।
मम्मी मैं तो सीखूँगा गोली चलाना
गाँधी ना बनूँगा, मैं बाँदी ना बनूँगा
मुझे शोले का गब्बर बनाना

रामेश्वर : धाँय-धाँय-धाँय-धाँय

सब : मम्मी मैं तो सीखूँगा मोटर चलाना!

रामेश्वर : (*अकेले*) मम्मी मैं तो सीखूँगा··· (*गाना बंद करके*) ये स्कूल आप ही का था न? मोटर-ड्राइवर से भारत का प्रधानमंत्री बनने तक के सारे ख्वाब यहीं से मेरे ज़हन में

डाले गए। पर स्कूली शिक्षा ही इन सपनों को साकार करने के लिए काफी नहीं। शायद मंत्री-पद तो स्कूली शिक्षा के बिना भी मिल जाता, पर मोटर-ड्राइवर या क्लर्क बनने के लिए तो हमारे समाज में कालेज की पढ़ाई जरूरी है, सो मैं भी कालेज गया⋯

[पाँचों दानव एक-एक करके पाँच प्राध्यापकों के रूप में आते हैं।]

पहला : *(पढ़ाते हुए)* कवि कहता है कि कल-कल-कल-कल कर बहता पानी, छल-छल-छल कर रहता प्राणी, अर्थात् जल की द्रव्यता और मानुष की सभ्यता, दोनों में ही परस्पर घनिष्ठ संबंध है। इसी विषय में प्रख्यात वैज्ञानिक डॉक्टर सी. बी. रामन का कहना है कि⋯

दूसरा : *(पढ़ाते हुए)* द इंडियन कांस्टीट्यूशन, द होली बुक कनफर्स राइट्स, लेज डाउन डाईरेक्टिव्स फॉर ए फैडरल सैटअप एंड मल्टी-पार्टी सिस्टम, फॉर मिलियंस ऑफ हेटरोजिनस मासिस, अंडर द कवर ऑफ सेक्युलरिज़्म, सोशलिज़्म एंड डेमोक्रेसी⋯

तीसरा : *(पढ़ाते हुए)* यही कारण है कि छत्रपति शिवा जी महाराजा, औरंगजेब की आँखों में आँखें डालकर कह उठे कि हे मुगल सम्राट, तू और तेरा धर्म, दोनों ही हम भारत माँ के वीर सपूतों को किंचित भी स्वीकार नहीं।

चौथा : *(पढ़ाते हुए)* हियर दियर इज़ नो लाइट बट व्हाट फ्रॉम द हैवन इज़ विद द ब्रीजिज़ ब्लोन। व्हाट फ्लावर्स आर एट माई फीट आई कैन नॉट सी। इट इज़ हियर दैट द रिच एंड सेंसुअस परसेप्शंस ऑफ एन अर्ली रोमेंटिसिज़्म इज़ मोस्ट क्लियरली विजीबल।

पाँचवाँ : *(पढ़ाते हुए)* यह संसार अनंत और असीम है। इसके रहस्य गहन और गंभीर हैं। न तो कोई समझा है, न कोई समझ पाएगा।

[पाँचों फ्रीज होते हैं।]

रामेश्वर : ये जो मुझे पढ़ाया जा रहा है, मेरे किस काम आएगा? मुझे नहीं मालूम। मैं जानना चाहता हूँ कि क्यों कुछ लोग बिना क्लास में आए और बिना पढ़े पास हो जाते हैं और क्यों ओवरटाइम लगाने के बावजूद मेरे पिता मेरी फीस नहीं जुटा पाते और किताबें तो⋯

[पाँचों दानव लाइब्रेरियन, प्रिंसिपल, हेड, डीन और वाइस चांसलर बनकर गप्पें मारते हुए आते हैं।]

लाइब्रेरियन : भई प्रिंसिपल साहब, इस बार तो यू. जी. सी. ने लाइब्रेरी की ग्रांट बढ़ा दी है। अब तो आपकी लिखीं किताबें हा, हा, हा···

रामेश्वर : लाइब्रेरियन साहब, कहाँ गईं वो किताबें जो कोर्स में थीं ?

लाइब्रेरियन : लाइब्रेरी आपकी जरखरीद नहीं है। जिसे चाहिए सौ बार चक्कर लगाए, नहीं तो बाजार से खरीद लाए।

रामेश्वर : इतनी महँगी किताबें खरीदना क्या मेरे बस का है ? और फिर लाइब्रेरी का चंदा क्यों लेते हैं आप लोग ? आप ही कुछ कीजिए ना प्रिंसिपल साहब !

प्रिंसिपल : बेटे, ये कालेज है, भूदान आंदोलन नहीं। और फिर, हम तुम्हारी आर्थिक समस्याओं के जिम्मेदार नहीं।

रामेश्वर : आर्थिक समस्याएँ क्या मेरी पैदा की हुई हैं ? मैं तो पढ़ना चाहता हूँ, और उसके लिए मुझे किताबें चाहिए, क्या आप मेरी मदद नहीं करेंगे ? आप तो हेड ऑफ डिपार्टमेंट हैं।

हेड : नो डाउट, तुम पढ़ने में दिलचस्पी रखते हो। मगर नोट्स बनाने के लिए किताबें जुटाने का कर्तव्य तुम्हारा है, अध्यापक वर्ग का नहीं।

रामेश्वर : कर्तव्य, कर्तव्य, कर्तव्य ! इस कायनात का कोई ऐसा कोना है जहाँ इस कर्तव्य शब्द से छुटकारा मिल जाए ? किताबें खरीदने का कर्तव्य, नोट्स बनाने का कर्तव्य, अनुशासन बनाए रखने का कर्तव्य, रोज बीस मील दूर से बसों में धक्के खाते हुए समय पर कालेज पहुँचने का कर्तव्य।

डीन : विश्वविद्यालय हॉस्टल की गारंटी नहीं ले सकता। तुम्हारा घर दूर है तो नजदीक मकान लेकर रहो।

रामेश्वर : बहुत खूब डीन साहब ! जिसके पास अपने घर का किराया देने के लिए भी पैसे न हों, उससे आप यह उम्मीद करते हैं कि वह अपने बेटे के लिए शहर में मकान किराये पर ले और उसके होटलों का बिल भुगते !

वी. सी. : उत्तेजित न हो बेटे, तुम मेरे पास अपनी समस्याएँ लेकर कभी नहीं आए। मैं तुम्हारे पिता जी की जगह हूँ। यूनिवर्सिटी का वाइस चांसलर हूँ। काश, तुम मेरे ऊपर यकीन रखते, यूनियन के बहकावे में आकर मेरे खिलाफ नारेबाजी न करते, तो ऐन मुमकिन था कि मैं तुम जैसे होनहार लड़के के लिए किसी भी हद से गुजर जाता।

रामेश्वर : आपकी हद मैंने देखी है वाइस चांसलर साहब। मिनिस्टर के भतीजे को स्कॉलरशिप देने के लिए आपने यूनिवर्सिटी के कायदे-कानून बदल दिए। सेठ साहब के लड़के को एडमिशन देने की खातिर अकल के सारे घोड़े दौड़ा दिए। और मैंने जब फीस माफ करने के लिए कहा तो आपने यू. जी. सी. के आर्डर मेरे हाथ में थमा दिए। आप किस हद तक किसी की मदद करते हैं, मुझे मालूम है!

लाइब्रेरियन : तुम्हारा दिमाग खराब हो गया है।

प्रिंसिपल : तुम पॉलिटिशियंस के चक्कर में पड़ गए हो।

डीन : ये सीट ऑफ लर्निंग है, कोई डिबेटिंग-हॉल नहीं।

हेड : विद्या-मंदिर को तुमने राजनीति का अखाड़ा बना दिया है।

वी. सी. : आगे पढ़ना है तो यूनिवर्सिटी के कायदे-कानून की इज्जत करनी पड़ेगी।

[*पाँचों तीन बार दोहराकर बैठ जाते हैं।*]

रामेश्वर : कायदे-कानून! ये शब्द ही कुछ ऐसा है जिसे सुनकर दिमाग भारी हो जाता है, सोचने की क्रिया थम-सी जाती है। दिल में अजीब-सा खौफ बैठ जाता है। एक ऐसा खौफ जो सारी जिंदगी एक पागल कुत्ते की तरह पीछा करता रहता है। क्यों? क्योंकि सारे कायदे-कानून गलत हैं। नए कायदे-नए कानून कब बनेंगे, इसी का तो इंतजार है। लेकिन तब तक तो ऐसे ही चलना होगा, ऐसे ही घिसटना होगा।

[*पाँचों दानव प्राध्यापक बनकर परीक्षा लेते हैं।*]

पाँचों : रामेश्वर दयाल!

रामेश्वर : (*हड़बड़ाकर*) प्रेजेंट सर!

पहला : राजऋषि वसिष्ठ और ब्रह्मऋषि विश्वामित्र के

सांसारिक रहस्यों के बारे में जो ज़ानते हो, अगले तीन घंटे में बताओ।

[रामेश्वर दायरे में भागना शुरू करता है। हर सवाल-जवाब पर रफ्तार तेज हो जाती है। इम्तहान पास करने की रेस जारी है।]

रामेश्वर : एक ओर आध्यात्मिक शक्ति की लालसा, दूसरी ओर सांसारिक आकर्षणों की ओर खिंचाव···

दूसरा : व्हाट आर दी बेसिक फीचर्स ऑफ दि इंडियन कांस्टीट्यूशन ?

रामेश्वर : अ पार्लियामेंटरी सिस्टम विद अ मल्ट-पार्टी डेमोक्रेसी···

तीसरा : महान हिंदू राष्ट्र की स्थापना में शिवा जी का योगदान बताओ ?

रामेश्वर : शिवा जी ने औरंगजेब की हिंदू-विरोधी नीतियों पर भारी कुठाराघात किया।

चौथा : व्हाट फैक्टर्स कांट्रीब्यूटिड टू दि स्पिरिचुअल कनफ्यूजंस ऑफ विलियम वर्ड्सवथ ?

रामेश्वर : दि कांफ्लिक्ट बिटबीन हिज़ रोमेंटिक मेंसिविलिटीज़ एंड दी सौरडिड एस्पेक्ट्स ऑफ इंडस्ट्रियलाइजेशन···

पाँचवाँ : जल की द्रव्यता और मानुष की सभ्यता के बारे में क्या जानते हो ?

रामेश्वर : दोनों में पारस्परिक घनिष्ठ संबंध है···

[निढाल होकर गिर पड़ता है। पहला प्राध्यापक उसे हाथ पकड़कर उठाता है।]

पहला : वाह-वाह, शाबाश लड़के, वाह-वाह !
तू जवाँमर्दों से बाजी ले गया।

दूसरा : (*हाथ मिलाकर*) तू फले-फूलेगा,
तू जाएगा इक दिन चाँद पर।

तीसरा : (*हाथ मिलाकर*) या बनेगा मंत्री
तू पार्लियामेंट को लाँघकर।

चौथा : (*हाथ मिलाकर*) हो भविष्य रोशन तेरा,
ये है हमारी कामना।

[पाँचवाँ हाथ मिलाता है और बाकी सब उसके साथ बोलते हैं।]

पाँचों : भूल न जाना अगर,

माँगें कभी हम दक्षिणा··· (*साज बनाने की मुद्राओं में*)ला-ला-ला-ला-लला-लला-ला, ला-ला-ला-ला-लला-लला-ला···

[*रामेश्वर बीच में खुशी से झूमता है और कहकहे लगाता है।*]

रामेश्वर : आखिर डिग्री मिल ही गई। अब नौकरी भी मिल ही जाएगी। जब नौकरी मिलेगी तो फिर क्या होगा?

सूत्रधार : क्या होगा?

रामेश्वर : बदन में सूट होगा
पैर में बूट होगा, और साथ में
बाँहों में गोरी का बदन होगा
रे मन थोड़ी धीर धरो···
मीट माई वाइफ मि. मल्होत्रा!

सूत्रधार : हा··· हा··· हा···

[*पाँचों दानव नौकरी देनेवाले अधिकारी बन जाते हैं। रामेश्वर भागकर पहले के पास आता है।*]

रामेश्वर : गुड मार्निंग सर, मैं बी. ए. फर्स्ट डिवीजन हूँ। मुझे नौकरी चाहिए।

पहला : नौकरी?

रामेश्वर : हाँ जी।

पहला : नो वैकेंसी।

रामेश्वर : नो वैकेंसी?

पहला : सॉरी। नो वैकेंसी।

रामेश्वर : (*दूसरे के पास जाकर*) नमस्ते सर, मैं बी. ए. फर्स्ट डिवीजन···

दूसरा : नो वैकेंसी!

रामेश्वर : (*तीसरे के पास जाकर*) नमस्ते सर, मैं बी. ए.···

तीसरा : नॉनसेंस!

रामेश्वर : (*चौथे के पास जाकर*) सर···

चौथा : नो वैकेंसी।

[*रामेश्वर पाँचवें की तरफ बढ़ता है। पाँचों एक साथ बोलते हैं।*]

पाँचों : नो वैकेंसी, नो वैकेंसी। नो वैकेंसी। (*बैठते हैं।*)

[*रामेश्वर लड़खड़ाता है और टूटी आवाज में गाता है।*]

रामेश्वर : जब नौकरी मिलेगी तो फिर क्या होगा ? क्या होगा ?

[*सूत्रधार रामेश्वर दयाल के चारों तरफ घूमकर गाता है । प्रतिकोरस अपनी जगह पर खड़े होकर दोहराता है ।*]

सूत्रधार : क्या होगा, क्या होगा कहकर काहे होत उदास तू,

प्रतिकोरस : छोटी-सी नाकामी से ना छोड़ रे मन की आस तू-2

सूत्रधार : बड़ी मुश्किलें आएँगी रे जीवन की इस दौड़ में,

प्रतिकोरस : लाखों लाख जवान लगे हैं नौकरियों की होड़ में-2

सूत्रधार : धीरज से कोशिश करता जा इक दिन ऐसा आएगा,

प्रतिकोरस : बरसों की मेहनत के बदले बड़ी अफ़सरी पाएगा-2
बड़ी अफ़सरी पाएगा तू बड़ी अफ़सरी पाएगा···

कोरस : फलाँ दिन, फलाने समय, निम्नलिखित पोस्टों के लिए इंटरव्यू हेतु सत्ता भवन की इकतालीसवीं मंजिल पर, कमरा नंबर एक में उपस्थित हों ।

[*बैठते हैं ।*]

रामेश्वर : इंटरव्यू ! (*खुशी से उछलता है*) पिता जी, इंटरव्यू···

[*प्रतिकोरस रामेश्वर को समझाता है ।*]

पहला : जल्दी-जल्दी रट लो रट लो
भेजे को रस्सी में बट लो

दूसरा : पढ़ा-पढ़ाया फिर दोहरा लो
डिग्री फोटोस्टैट करा लो

तीसरा : बाल काढ़ लो नाखून काटो
मंदिर में कुछ लड्डू बाँटो

चौथा : उल्टी-सीधी बात न कहना
नाजुक मसलों पर चुप रहना

चारों : आगे ऊपरवाले की मरजी ।

रामेश्वर : बोल सियापति रामचंद्र की जय !

[*प्रतिकोरस बैठता है । पाँचों दानव एक तरफ जमघट बनाकर खड़े होते हैं । एक सीधा खड़ा है, चार नीचे झाँकने की मुद्रा में हैं ।*]

चारों : भीड़ खड़ी है नीचे उम्मीदवारों की
अपनी-अपनी माँ के राजदुलारों की
यही कोई चालीस हजार लड़के आए हैं
जनरल नालेज घर से पढ़कर के आए हैं ।
कोट पहनकर पैंट पहनकर और लगाकर टाई

फ़स्ट डिवीज़न लौंडों की यह भीड़ कहाँ से आई ?

पहला : ठीक है, ठीक है, एकेक करके ऊपर उन्हें बुलाओ ।

चारों : उल्टे-सीधे प्रश्न पूछकर जल्दी से टरकाओ ।

[पहला कान पर हाथ रखकर कव्वाली का अलाप लेता है और 'पड़पोते का साला' तक पाँचों अपनी बातों को कव्वाली के रूप में गाते हैं ।]

पहला : हाँ निश्चित है कि...

चारों : क्या ?

पहला : आज बनेगा...

चारों : क्या ?

पहला : यहाँ का अफसर आला...

चारों : कौन ?

पहला : चेयरमैन के बहनोई के पड़पोते का साला !

[पाँचों नाचते हैं । दायरे के अलग-अलग कोनों में जाते हैं ।]

पहला : चेयरमैन के बहनोई के पड़पोते का साला !

पाँचों : चेयरमैन के बहनोई के पड़पोते का साला !
चेयरमैन के बहनोई के (*चीखकर*) पड़पोते का साला !
(*पलटकर*) मिस्टर रामेश्वर दयाल !

[रामेश्वर झट से अंदर आता है ।]

रामेश्वर : मे आई कमिन सर ?

[पाँचों दानव एक कदम आगे लेकर छोटा दायरा बनाते हुए रामेश्वर की परिक्रमा करते हैं ।]

पाँचों : हा, हा, हा, हा, हा, हा, कहाँ तक पढ़े हो ?

रामेश्वर : बी. ए. ।

पाँचों : बी. ए. हा, हा, हा, हा, हा, हा...कौन डिवीजन ?

रामेश्वर : फर्स्ट ।

पाँचों : फर्स्ट ? हा, हा, हा, हा, हा, हा !

रामेश्वर : हें, हें, हें, हें, हें !

[पाँचों चौंककर रुक जाते हैं ।]

पहला : क्यों हँसते हो पाजी लड़के ?

दूसरा : दाँत फाड़कर ऐसे ?

तीसरा : कितने बेहूदा हो तुम !

चौथा : और जाहिल हो तुम कैसे !

पाँचों : चले आते हैं !

[अपनी-अपनी जगहों पर लौटते हैं।]

पहला : तो तुमने हिंदी साहित्य पढ़ा है ! तो यह बताओ कि श्री गुलशन नंदा जी का प्रथम उपन्यास कौन-सा था और किस वर्ष में प्रकाशित हुआ था ?

रामेश्वर : सर लेकिन गुलशन नंदा का तो हिंदी साहित्य में कोई योगदान नहीं है।

पाँचों : क्या, कोई योगदान नहीं है ?

दूसरा : हिंदी का ऐसा कौन-सा उपन्यासकार है जिसके हर नावल पर फिल्म बनी हो !

तीसरा : और जिसकी हर फिल्म कम-से-कम सिल्वर जुबली हिट रही हो !

चौथा : और जिनके गीत लिखे हों महाकवि आनंद बख्शी जी ने और संगीत से सँवारा हो पंडित राहुल देव जी बर्मन महाराज ने !

पाँचवाँ : देश की ऐसी कौन-सी लाइब्रेरी है जिसमें श्री गुलशन नंदा की संकलित रचनाएँ न उपलब्ध हों ? यू नो, मेरी मिसेज के लिए तो गुलशन नंदा के नावल मुझसे भी ज़्यादा जरूरी हैं।

पाँचों : और तुम कहते हो, कोई योगदान नहीं है !

रामेश्वर : लेकिन सर, मुझे तो यह पढ़ाया गया है कि प्रेमचंद, यशपाल, भगवतीचरण वर्मा···

पहला : बस-बस, क्या चरनवर्मा-चरनवर्मा लगा रखी है। जब तुम्हे हिंदी साहित्य के बारे में कुछ मालूम ही नहीं तो क्यों टाँग अड़ा रहे हो ? और क्या विषय था तुम्हारा ?

रामेश्वर : जी, फिलोसोफी।

दूसरा : फिलोसोफी ? यानी दर्शनशास्त्र ? गुड, वेरी गुड।

तीसरा : अच्छा तो यह बताओ कि महर्षि महेश योगी और भगवान श्री रजनीश के दर्शनों में से तुम्हें कौन-सा पसंद है ?

चौथा : और क्यों पसंद है ? संदर्भ सहित व्याख्या करो। विद प्रॉपर रेफरेंस टु दि कॉनटैक्स्ट।

पाँचवाँ : भगवान रजनीश को पढ़ा भी है या नहीं ?

रामेश्वर : जी···जी···

पाँचों : तो बताओ।

पहला : खैर छोड़ो, यह बताओ कि आल्बर्ट कामूस और

भगवान रजनीश के दार्शनिक मतभेदों के संबंध में सर रिचर्ड एटनवारा के क्या विचार हैं ?

रामेश्वर : अल्वेयर कामू के बारे में तो मैं बता सकता हूँ, पर भगवान रजनीश और सर रिचर्ड···

पाँचों : एटनबारा।

रामेश्वर : हाँ, इनके बारे में मैं कुछ नहीं जानता।

पाँचों : ये भी नहीं जानता, वो भी नहीं जानता।

[*यह कहते हुए अपनी-अपनी जगह बदल लेते हैं।*]

पाँचवाँ : आखिर तुम जानते क्या हो ?

चारों : चले आते हैं।

रामेश्वर : (*बौखलाहट और गुस्से में तीसरे की तरफ बढ़ते हुए*) द इंडियन कांस्टीट्यूशनल गारंटीज़ सिविल लिबर्टीज़···

[*तीसरा डरकर चौथे के पास जाता है। रामेश्वर पहले की तरफ बढ़ता है।*]

जल की द्रव्यता और मानुष की सभ्यता में परस्पर घनिष्ठ संबंध है।

[*पहला डरकर दूसरे के पास जाता है। रामेश्वर चौथे की तरफ बढ़ता है।*]

शिवा जी ने औरंगजेब की हिंदू-विरोधी नीतियों से संघर्ष किया।

[*तीसरा और चौथा डरकर पाँचवें के नजदीक जाते हैं रामेश्वर दूसरे की तरफ बढ़ता है।*]

दि रिच एंड सेंसुअस परसेप्शन ऑफ एन अर्ली रामेंटिसिज़्म इज़ मोस्ट क्लियरली विजीवल इन कीट्स।

[*दूसरा और पहला घबराकर पाँचवें के नजदीक जाते हैं। रामेश्वर पाँचवें की तरफ बढ़ता है।*]

और यह संसार अनंत और असीम है।

पाँचवाँ : (*डरते हुए*) लगता है···

चारों : पागल है।

[*दूर चले जाते हैं।*]

दूसरा : ही इज़ ए मेंटल केस ।

पाँचों : चले आते हैं।

रामेश्वर : क्यों पूछते हो यह गलत-सलत सवाल। तुम नहीं चाहते कि···

पाँचों : गैट आउट ऑफ हेयर!

[*बैठ जाते हैं।*]

रामेश्वर : यह संसार अनंत और असीम है। यहाँ से वहाँ तक रेगिस्तान है, बेरोजगारी का। मुझे बताओ, कब बेरोजगारी दूर होगी? कब मुझे रोजगार मिलेगा? नहीं तो, नहीं तो, नहीं तो··· गैट आउट ऑफ हेयर। बट व्हेयर शैल आई गो? मैं कहाँ जाऊँ? हर रोज इन्हीं उम्मीदों के सहारे घर से निकलता हूँ कि आज अपॉइंटमेंट लैटर लेकर ही घर लौटूँगा। अपने बूढ़े-बीमार बाप के चेहरे पर सुकून देखूँगा। लेकिन हर आनेवाला दिन एक नाकामयाबी का दिन होता है। जैसे आज का। लेकिन घर तो जाना ही होगा।

सूत्रधार : (*खड़े होकर*) किस सोच में डूबे हो नौजवान!
गुमसुम, उदास और परेशान?

रामेश्वर : बेरोजगारी ने सभी संबंध तोड़ दिए,
दोस्त तो पहले ही
न जाने किस मोड़ पर जुदा हो गए थे।
लगता है,
मेरा खुद से भी नाता टूट जाएगा।

सूत्रधार : इस दुनिया ने तोड़ दिए हैं सारे रिश्ते
सच्चाई भी झूठ बन गई पिसते-पिसते
इस लड़के ने वही किया जो सबने इसको बतलाया
उसी मार्ग पर चला कि जो गुरुओं ने इसको सिखलाया।

[*सूत्रधार बैठता है।*]

रामेश्वर : मेहनत से पढ़ाई की। उस्तादों का मान किया। ईमानदारी से इम्तहान पास किया। रोजगार दफ्तर में नाम लिखवाया। उम्मीदों के हवाई किले बनाए। धैर्य से इंतजार किया। और इंतजार करते-करते सुने उपदेश, नसीहतें सरकारी और गैरसरकारी···

पहला : कर्म करो तो फल पाओगे।
इक दिन अफसर बन जाओगे।

दूसरा : भारत जग का तारा है।
फौरिन एड का प्यारा है।

चौथा : हरीजनों के सब अधिकार।
न्याय के हैं पूरे हकदार।

तीसरा : प्रजातंत्र का नारा है।
भारतवर्ष तुम्हारा है।

पाँचवा : रघुकुल रीति सदा चलि आई।
समाजवाद के हम अनुयायी
[*बिगाड़ के गाते हैं*]

पाँचों : सारे जहाँ से अच्छा हिंदोस्ताँ हमारा
हम बुलबुले हैं इसकी ये गुलिस्ताँ हमारा
[*बैठते हैं*]

रामेश्वर : मैंने तीस इंटरव्यू दिए हैं। तीसों बार मुझसे ऐसे सवाल पूछे गए जिनका मेरी पढ़ाई से कोई संबंध नहीं था।

सूत्रधार : इसका जिम्मेदार, यह लड़का है, हम और आप हैं या कोई और ?

रामेश्वर : तीसों बार मैं नाकामयाब ही लौटा। तीसों बार नौकरी सिफारिशी आदमी को मिली।

प्रतिकोरस : इसका जिम्मेदार यह लड़का है, हम और आप या कोई और ?

रामेश्वर : आज मेरे सभी सपने टूट चुके हैं। मेरे सामने सिर्फ अँधेरा-ही-अँधेरा है। कौन है इसका जिम्मेदार ?

सूत्रधार : टूटे सपनों का अंबार
कौन है इसका जिम्मेदार ?
इसके हिस्से में क्यों बाकी
सड़क से लड़ना बारंबार ?

प्रतिकोरस : कौन है इसका जिम्मेदार ?
कौन है इसका जिम्मेदार ?

रामेश्वर : (*चीखकर*) कौन है। इसका जिम्मेदार ?

प्रतिकोरस : कौन है इसका ज़िम्मेदार ?

(नवंबर, 1979)

अपहरण भाईचारे का

[गोलाकार अभिनय-स्थल। जमूरा काली चादर लिए बैठता है! मदारी इधर-उधर घूमकर संवाद बोलता है।]

मदारी : बात नहीं जुल्फ की सर मरोड़ा साँप का
कैसा कुंडल मार के बैठा है जोड़ा साँप का!
तो मेहरबानो, क़दरदानो, जब यह चमेली की जड़ों में छुप के बैठता है तो इसका काटे का पानी नहीं माँगता, लेकिन इंसान का बच्चा इससे खेलता है··· किसलिए— पापी पेट के लिए! हाँ, तो मेहरबानो, क़दरदानो, इससे पहले कि खेल शुरू किया जाए, ज़रा ज़ोर से ताली बजाना। हाँ, तो जमूरे खेल शुरू किया जाए?

जमूरा : उस्ताद, खेल तो शुरू किया जाए पर लोगों ने ताली बहुत रो-रोकर बजाई है।

मदारी : अबे देश में इतनी मारकाट चल रही है जमूरे, रो के नहीं तो क्या हँस के बजाएँगे। गनीमत जान कि ये हमारा खेल देखने आ गए! अगर कर्फ़्यू लगा होता तो क्या कर लेता? लेकिन मेहरबानो, क़दरदानो, मेरे जमूरे में बहुत बुरी आदत है, बच्चा है न! जब तक आप ज़ोर से ताली नहीं बजाएँगे तब तक खेल शुरू नहीं करेगा! हाँ तो जमूरे लेट जा··· गिलि-गिलि गिलि-गिलि फू··· उगते सूरज को नमस्कार, डूबते को सलाम,
मुसलमान को आदाब, हिंदू को राम-राम,
जमूरे! लौट आ।

जमूरा : आ गया!

मदारी : जो पूछेंगे बतलाएगा?

जमूरा : बतलाएगा!

मदारी : और सच-सच बतलाएगा?

जमूरा : एकदम सच बतलाएगा।

मदारी : तो आजकल के हिंदोस्तान का हाल, बता।

जमूरा : एक साथ बतला दूँ।

मदारी : अबे नहीं, धीरे-धीरे बता। एक साथ बता दिया तो खेल एक ही मिनट में खतम हो जाएगा। बड़ी मुश्किल से तो ये छोटा-सा मजमा इकट्ठा हुआ है। देख, तेरा ध्यान किधर है!

जमूरा : देख लिया।

मदारी : क्या देखा?

जमूरा : मदारी के हाथ में कबूतर।

मदारी : कौन-सा कबूतर?

जमूरा : असील··· !

मदारी : क्या बोला, चील?

जमूरा : नहीं असील।

मदारी : जिंदा या मरा हुआ?

जमूरा : एकदम जिंदा, लेकिन डरा हुआ।

मदारी : तो इसकी चोंच में क्या है?

जमूरा : इसकी चोंच में है बुलेट प्रूफ!

मदारी : बुलेट प्रूफ! अबे ये क्या होता है?

जमूरा : उस्ताद, कबूतर ने अपनी सुरक्षा के लिए बुलेट प्रूफ जाकिट बनवाई है।

मदारी : अबे किसलिए?

जमूरा : उस्ताद, सरकार तो किसी के जानमाल की रक्षा कर नहीं पा रही है, इसलिए हर कोई अपना इंतजाम खुद ही कर रहा है।

मदारी : जमूरे, तेरी बुलेट प्रूफ कहाँ है?

जमूरा : उस्ताद, तुम पे हँसी आती है।

मदारी : जबान सँभाल के जमूरे, नहीं तो टुकड़े-टुकड़े कर दूँगा। अबे, जनता पार्टी बना दूँगा।

जमूरा : उस्ताद, रोज पब्लिक को तमाशा दिखाते हो, अभी तक ये नहीं समझ पाए कि हम-जैसे रोजमर्रा कमा के खानेवालों की जान किसी बुलेट प्रूफ या बाडी गार्ड से नहीं बच सकती। हम तो भूख से वैसे ही मर जाते हैं। हमें तो चाहिए भूख प्रूफ।

मदारी : जमूरे!

जमूरा : आ गया।

मदारी : मैं मदारी क्यूँ?

जमूरा : पेट की खातिर।

मदारी : तू जमूरा क्यूँ?

जमूरा : पेट की खातिर।

मदारी : खाया क्या?

जमूरा : हवा।

मदारी : पिया क्या?

जमूरा : टूटी का पानी।

मदारी : देखा मेहरबानो, क़दरदानो, इतनी बदअमनी के बावजूद मैंने और मेरे जमूरे ने तो बहुत कुछ खा-पी लिया। अबे अब जनता की तो कुछ सोच।

जमूरा : सोच लिया।

मदारी : क्या सोचा?

जमूरा : ये सब लोग एफ़. आई. आर. लिखवाने आए हैं।

मदारी : क्या बकता है?

जमूरा : हाँ उस्ताद, ये सब लोग किडनैपिंग की रपट लिखवाने आए हैं।

मदारी : किडनैपिंग? यानी अपहरण? अबे किसका अपहरण?

जमूरा : इनके भाईचारे का।

मदारी : ये तो बड़ी सीरियस बात है जमूरे! फौरन दूरदर्शन से खोए हुए व्यक्तियों के बारे में घोषणा करवाता हूँ। अखबार में गुमशुदा की तलाश का विज्ञापन छपवाता हूँ।
बता, बदन के कपड़ों का रंग कैसा था?
जेब में कितना पैसा था?
कद, रंगत, उमर की पहचान?
चेहरे पे तिल या कोई और निशान?

जमूरा : उस्ताद, तुम्हारी अकल पे हूँ मैं हैरान। इनका भाईचारा कोई लड़का या मर्द नहीं, नाक, कान, मुँहवाला कोई फर्द नहीं। तुम यूँ समझो कि इनका चैनो-आराम खो गया है, सुरक्षा का सारा सामान खो गया है।

मदारी : ये तो और भी सीरियस बात है। जमूरे, भीड में खड़े

लोगों की मदद करेगा ?

जमूरा : करेगा।

मदारी : तो जा, इनके खोए हुए भाईचारे को ढूँढ के ला।

जमूरा : उस्ताद, आज से ना तू मेरा गुरु, ना मैं तेरा चेला।

मदारी : अरे क्या करता है ? अबे ना मैं राजीव गाँधी और ना तू अरुण नेहरू, तेरा-मेरा नाता ऐसे नहीं टूटेगा।

जमूरा : ना, ना, मेरे बस की बात नहीं है।

मदारी : अबे, साहब लोग खुश हुए तो मुँह माँगा इनाम मिलेगा जमूरे !

जमूरा : न ! मुझे डर लगता है उस्ताद !

मदारी : अच्छा, तो देख, मैं अपने जादू के जोर से इनके खोए हुए भाईचारे को छुड़ा के लाता हूँ। सात समंदर पार मछंदर, अब तू अपने आप कलंदर···

जमूरा : बस, लेने लगे गुरुओं का नाम।

मदारी : अबे, तो मैं जादूगर हूँ, जादूगर, मेरे बाप के दादा के परदादा ने अकबर को जादू सिखाया था।

जमूरा : पर राजीव राजा के राज में तुम्हारा जादू नहीं चलेगा।

मदारी : अबे, तो तू ही कुछ कर। फेंक अपनी चादर को परे, और कर कुछ ऐसा कमाल, के पब्लिक हो खुश और देश के दुश्मन पामाल। गिलि-गिलि गिलि-गिलि फू··· !

जमूरा : हाँ, तो उस्ताद, अब देख मेरा कमाल।
अपनी रेशमी मूँछों के बालों को ऐंठकर,
उस्ताद गोरखधंधे की पारदर्शी नजर के कंधों में बैठकर,
आशीर्वाद लेकर काली कलकत्तेवाली का,
पता लगाऊँगा शांति-चोर मवाली का,
उड़ा के ले गया है भाईचारे को।
भूखा नचाता है मदारी इस बेचारे को।
खाली हाथ लौटता देखकर जालिम दूर से करारी बाँग देगा,
उस्ताद गोरखधंधा बदन की खाल खींचकर उस्तानी के ब्लाऊज की साई खूँटी पे टाँग देगा।
तो मेहरबानो, क़दरदानो, अपने दुश्मन को पहचानो।
बता दो कि विदेशी पैसा कहाँ से आ के कहाँ को जाता है,
अमरीकन अबैसी में रोज डिनर कौन खाता है,

आग लगानेवाले पोस्टर कौन छपवाता है,
गली-मुहल्लों में त्रिशूल कौन बँटवाता है,
अल्ला-ईश्वर के नाम पर सेनाएँ कौन बनवाता है,
कौन खालिस्तान का नारा लगवाता है।
बता दो, बता दो कि ये नाचीज भी
जेम्सबांड का दायाँ-बायाँ कहलाए।
जेम्सबांड का दायाँ-बायाँ कहलाए।

[*रिंग मास्टर आता है।*]

रिं. मा. : हे मैन, कम हियर!

जमूरा : हैं जी, मुझे बुला रहे हो?

रिं. मा. : कम हियर मैन, आएम टॉकिन टू यू!

जमूरा : भाई सा'ब, ये क्या कह रहा है?

रिं. मा. : डोंट यू अंडरस्टैंड बडी? आएम टाकिन टू यू! ओ फ़ो, इडर आओ, हम टुम को बुलाटा है।

जमूरा : अरे वाह, ये तो हिंदी बोलता है। हैलो सर, हैलो! ऐंटी शैंटी, फ्लैंटी, मार घैंटी थैंक यू सर, थैंक यू।

[*बड़े जोर से हाथ मिलाता है।*]

रिं. मा. : थैंक यू, थैंक यू! टुम हमारा मडड करेगा?

जमूरा : जरूर करेगा! आप किधर से आया है सर?

रिं. मा. : यूनाइटिड स्टेट्स ऑफ अमेरिका।

जमूरा : अमरीका! जहाँ बड़े-बड़े बम बनते हैं?

रिं. मा. : राइट यू आर मैल, जहाँ बम बनटे हैं। टो बोलो, हमारा मडड करेगा?

जमूरा : जरूर करेगा। मैं आपकी क्या सेवा कर सकता हूँ?

रिं. मा. : येस, बटाटा है। हम एक वाइल्ड लाइफ़ का लवर है, यानी जंगली जानवर को प्यार करटा है।

जमूरा : प्यार करता है, यानी पुच-पुच-पुच-पुच?

रिं. मा. : नहीं वैसा नहीं, हम इनका डेकबाल करटा है, उनके काने-पीने का अरेंजमेंट करटा है।

जमूरा : अच्छा! अच्छा! भई कमाल है। ये हुई ना बात। हमारे यहाँ तो पब्लिक के खाने-पीने का ही इंतजाम नहीं हो पाता।

रिं. मा. : टो सोचो। टुमारा वाइल्ड-लाइफ़ का क्या हालत होगा।

जमूरा : सच्ची, बहुत बुरा हाल होगा।

रिं. मा. : हमने सुना है कि टुमारे डेस में एक बहुत कटरनाक जानवर होटा है, जिसका नाम है सैम प्रो डाईएकटा ?

जमूरा : सैम प्रो डाईएकटा ? ? ?

रिं. मा. : येस, सैम प्रो डाईएकटा ।

जमूरा : सैम प्रो डाईएकटा ? कभी सुनने में तो आया नहीं सर ! सैम-सैमप्रौ-सैम्प ! हाँ, हाँ, हाँ, हाँ, हाँ, समझ गया, कोई जहरीला साँप होगा सर !

रिं. मा. : सैम्प व्हॉट सैम्प ?

जमूरा : साँप नहीं जानते ? वो जो लंबा-सा होता है ।

[*हाथ से रिं. मा. की तरफ़ फुंकार मारता है ।*]

रिं. मा. : सैम्प यानी स्नैक ? नो, नो, नो, नो, नो, सैम्प नहीं होटा, लेकिन ज़हरीला होटा है, सैम्प से भी जाडा ।

जमूरा : सर, आपको सुनने में कोई गलती हो गई लगती है । हमारे यहाँ तो ऐसा कोई जानवर हमने कभी सुना नहीं ।

रिं. मा. : होटा है, होटा है मैन !

जमूरा : तो कोई पहचान बताइए न ।

रिं. मा. : पहचान, नाओ लेम्मी सी, लेम्मी सी, येस, आई गॉट इट । वो जिडर भी जाटा है लोग लरने लगटे हैं, एक-दूसरे को मारने लगटे हैं, और, और, और—येस—उसके हाट-पैर से नाकून नहीं, ट्रीसूल निकलटे हैं, चाकू निकलटे हैं, और स्टेनगन निकलटे हैं । अब समजा ?

जमूरा : (*डर जाता है*) सर, आप कहीं सांप्रदायिकता की बात तो नहीं कर रहे ?

रिं. मा. : येस, येस, मैन, येस, वही टो बोलटा है, सैम प्रो डाईएकटा ।

जमूरा : बचाओ, बचाओ, उस्ताद जी !

रिं. मा. : हे ! व्हॉट हैपिंड ? कहाँ जाटा है मैन ?

जमूरा : अरे भइया, उससे खतरनाक जानवर तो कहीं होता ही नहीं । उसका तो नाम सुनते ही मेरी ऊपर की हवा ऊपर से निकल जाती है, और नीचे की नीचे से ।

रिं. मा. : गबराने का कोई बात नहीं, हम उसे कंट्रोल करना जानटा है । टुम डरो नहीं, हमें बटाओ वो किडर मिलेगा ।

जमूरा : किधर मिलेगा ? अरे ये पूछो किधर नहीं मिलेगा । सुअरिया की तरह बियाह रहा है सुसरा । इत्ते बच्चे दिए

हैं साले ने कि दिल्ली के चप्पे-चप्पे में फैल गए हैं।

रि. मा. : (*खुश होकर*) अच्छा ? इसका मटलब है टुमारे डेस का माहौल उसको सूट करटा है।

जमूरा : अजी बहुत ज्यादा सूट करता है। सुनते हैं पहले-पहल कोई अंग्रेज लाट सा'ब इसे लेकर आया था। फिर तो जी उसने इतने बच्चे, इतने बच्चे दिए कि सारे देश में फैल गए।

रि. मा. : गुड, गुड, वैरी गुड, लेकिन ये बटाओ, डिल्ली में किडर मिलेगा ?

जमूरा : सर, पिछले दिनों वहाँ निकल आया था, फिरोजशाह कोटला में। उससे पहले भोगल में निकला था, और तिलक नगर में, बड़ी तबाही मचाई साले ने। अरे हम तो तीन दिन घर से ही नहीं निकल सके, धेले की कमाई नहीं हुई। भूखे-प्यासे बैठे रहे। जहाँ भी निकलता है, गरीब आदमी की तो ऐसी की तैसी हो जाती है।

रि. मा. : अच्छा ! अच्छा ! लास्ट किडर निकला ठा ?

जमूरा : लास्ट ? लास्ट तो वहाँ निकला था, चाँदनी चौक में, दसहरेवाले दिन्न।

रि. मा. : चाँदनी चौक में ? हम अबी वहाँ जाटा है।

जमूरा : अरे रे रे रे रे रे, क्या करते हो सर ? वहाँ मत जाना, मार डालेगा तुम्हें।

रि. मा. : हम नहीं डरटा। हम इटनी डूर से उसे डेकने आया है, जरूर डेक के जाएगा, उसके लिए कोई गिफ्ट-चोर के जाएगा।

जमूरा : मेरी बात मानो सर ! इस चक्कर में मत ही पड़ो। बहुत खतरनाक जानवर है। दो साल पहले दिल्ली में निकला था—तीन दिन में तीन हजार लोगों को खा गया, और पंजाब में तो रोज तीन-चार को चट कर जाता है।

रि. मा. : अरे मैन, हमने इससे बी खटरनाक जानवरों को ट्रेन किया है। अफ्रीका में एक जानवर होटा है—नस्लवाड, टुमारा सैमप्रौडाइएकटा जैसा खटरनाक, लेकिन हमने उसको ट्रेन किया है। टुम हमको नहीं पहचानता, हम है दिग्रेट अमेरिकन सर्कस का मालिक। हम टुमारा सैमप्रोडाईएकटा को भी ट्रेन करेगा।

जमूरा : ट्रेन करेगा ? आप सांप्रदायिकता को ट्रेन करेगा।

रि. मा. : येस, ऐंड यू विल सी इट।

जमूरा : उसके लिए सरकार से परमिशन लेनी पड़ेगी सर!

रि. मा. : क्यूँ? ये टो हमारा और सैमप्रोडाईएकटा के बीच का बाट है। इसमें सरकार कहाँ से आ गया?

जमूरा : लो, इसे यही नहीं मालूम कि इसमें सरकार कहाँ से आ गई? क्योंकि सरकार ने उसे राष्ट्रीय जंतु घोषित कर दिया है।

रि. मा. : रियली? रास्ट्रीया जंटू, यू मीन नेशनल ऐनीमल?

जमूरा : येस, नैशनल एनीमल, आपने क्या समझ रखा है? जंगली जानवरों का बड़ा खयाल रखती है हमारी सरकार। खुद प्रधानमंत्री जी बहुत बड़े पशु-प्रेमी हैं। उन्होंने कुछ दिन पहले अयोध्या में खासतौर पर सांप्रदायिकता के लिए, क्या कहते हैं—अभयारण्य बनाया है, रहने की जगह।

रि. मा. : दैट्स गुड, दैट्स गुड! लेकिन एक जगह बनाने से काम नहीं चलेगा, जगह-जगह बनाना परेगा, हर प्रांट में बनाना परेगा। लेकिन आप लोगों का मुलुक इटना बरा है कि डिल्ली से बैठकर पूरे डेस में सैमप्रोडाईएकटा की डेकबाल नहीं की जा सकटी, इसलिए हम टो कैटा है कि यहाँ पर चोटे-चोटे डेस बना डेने चाहिए, और सब डेसों में एक-एक रकवाला बिटा डेना चाहिए।

जमूरा : बिठाया था, बिठाया था सर! सरकार ने पहले पंजाब में मिस्टर भिन्न-भिन्न डरानेवाला को सांप्रदायिकता का इनचार्ज बनाया था।

रि. मा. : मिस्टर बिन-बिन डरानेवाला अमारा 'इंटरनैशनल पशु-प्रेमी संघ' का मेंबर ठा, बहुत डियर फ्रेंड ठा अमारा, लेकिन बाद में टो उनको मार डिया। क्यूँ? क्यूँकि वो भी हमारा बाट कैटा था। सैमप्रोडाईएकटा के लिए काली स्टान बनाना चाटा था। हम भी कहटा था कि जब टक उसके लिए एम्टी प्लेस यानी काली स्टान नहीं बनेगा, सैमप्रोडाईएकटा इडर-उडर बटकटा रहेगा।

जमूरा : सर, यह खाली स्थान-भरा स्थान तो आप जाने, मैं तो इतना जानता हूँ कि आपको सरकार से परमीशन तो लेनी ही पड़ेगी।

रिं. मा. : टीक है, तो हम परमीशन लेगा। कहाँ से मिलेगा परमीशन ?

जमूरा : उसके लिए तो आपको मंत्री जी से मिलना पड़ेगा।

रिं. मा. : मिलेगा, नो प्रॉबलेम। टुम हमको उनका पटा बटाओ।

जमूरा : हाँ, हाँ जरूर। आप ऐसा कीजिए कि यहाँ से सीधे जाइए, और फिर राइट मुड़ जाइए तो वहाँ पर आपको एक बहुत बड़ी बिल्डिंग नजर आएगी जिस पर लिखा होगा 'हिंदू सेना भवन।'

रिं. मा. : हिंडू सेना बवन ?

जमूरा : यैस, वहाँ से आप सीधे चले जाइए और फिर राइट मुड़ जाइए तो एक ओर बिल्डिंग दिखाई देगी। वह है 'फौजे इस्लाम भवन।'

रिं. मा. : फ़ाउज़-ए-इस्लाम बवन! ओ. के.!

जमूरा : हाँ, वहाँ से राईट मुड़कर सीधे चले जाइए, तो आगे जा के आप 'सिख सेना भवन' पे पहुँच जाएँगे।

रिं. मा. : सीक सेना बवन! ओ. के.!

जमूरा : हाँ जी, वहाँ से फिर राईट मुड़ जाइए, फिर सीधे, फिर राईट, फिर सीधे, फिर राईट...

रिं. मा. : सिर्फ़ राईट ही मुड़ना है, लैफ़्ट नहीं!

जमूरा : ना, ना, ना, ना, लैफ्ट बिल्कुल मत मुड़ना। नहीं तो बंगाल पहुँच जाओगे। वहाँ ज्योति बसु की सरकार है। उसने तो सांप्रदायिकता को बंगाल की खाड़ी में फेंक दिया है।

रिं. मा. : काड़ी में फेंक दिया है ? उसकी हिम्मत कैसे हुए एक मासूम बेसहारा जानवर पर इतना जुलुम करने की ?

जमूरा : जंगली जानवर को तो भूल ही जाओ, उसे कहीं पता चल गया कि आप सांप्रदायिकता की मदद करने आ रहे हैं तो आपको भी लात मार के बाहर कर देगा, हाँ! वह इस मामले में बड़ा सखत आदमी है।

रिं. मा. : टीक है, हम डेकेगा, डेक लेगा उसको। उडर में हमारा एक आडमी है, सूबास गिसंग।

जमूरा : घिसिंग ? वो तो देखा जाएगा कौन किसको घिसता है, मेरा मतलब, देखता है। अब आप सीधे चले जाओ, जैसा मैंने बताया, राईट मुड़ते जाओ जब तक मंत्री जी के पास न पहुँच जाओ।

रिं. मा. : ओ. के. थैंक यू!

जमूरा : नॉट मैनशन।

रिं. मा. : टा-टा, बाय-बाय सी यू!

[*जाता है। जमूरा हाथ हिलाता पीछे हटता है और आगे बढ़ते मदारी से टकराता है।*]

मदारी : जमूरे?

जमूरा : (*अमरीकन की तरह बोलता है*) यैस?

मदारी : अबे कुछ पता चला?

जमूरा : किसका?

मदारी : किसका? अबे जिसे ढूँढ़ने भेजा था तुझे!

जमूरा : हाँ-हाँ, वह मंट्री जी से मिलने गए हैं।

मदारी : अच्छा? लो जी। और आप लोग कह रहे थे कि उसका अपहरण हो गया। तो मेहरबान, क़दरदान, आपने सुना? मेरा जमूरा यह खबर लाया है कि मंत्री जी से मिलने गया है आपका भाईचारा।

जमूरा : अरे नहीं, नहीं, नहीं, नहीं उस्टाट, बाईचारा नहीं।

मदारी : फिर?

जमूरा : वह ग्रेट अमरीकन सर्कस का मालिक।

मदारी : क्या, क्या, क्या?

जमूरा : ग्रेट अमरीकन सर्कस का मालिक। वो गया है।

मदारी : मंत्री से मिलने?

जमूरा : हाँ, मैंने तो रास्टा बटाया उसे, वो कहो बचा लिया उसे, वरना साला बाएँ मूरकर बंगाल जा रहा था।

मदारी : अबे तुझे भाईचारे को ढूँढने भेजा था या अमरीकनों की मदद करने।

जमूरा : (*फिर जमूरे के अंदाज़ में*) भाईचारा, वो तो मैं भूल ही गया उस्ताद!

मदारी : भाईचारे को भूल गया। अबे धरती के आवारा बेटे, अगर तू ही भाईचारे को भूल गया तो इस देश का क्या होगा? जा फिर से ढूँढ़ने जा, पब्लिक इंतजार कर रही है।

[*दोनों अलग-अलग दिशा में निकलते हैं। तीन गुंडे आते हैं।*]

गुंडा-1 : हर, हर महादेव!

गुंडा-2 : नारा-ए-तक़बीर, अल्ला हो अकबर!

गुंडा-3 : खालिस्तान जिंदाबाद!

[*तीनों फ्रीज करते हैं। रिं. मा. आता है।*]

रिं. मा. : पहले क्या बटाया टा, हिंडू सेना बवन। वो टो यही है। इसमें से किटना अच्चा संगीत सुनाई डे रहा है।

गुंडा-1 : जागो, जागो हिंदुओ, अपनी नींद से जागो, उठो हिंदू राष्ट्र का निर्माण करो। यह देश, यह भारतवर्ष तुम्हारा है। अपने देश में पहले दर्जे के नागरिक के अधिकार पाने के लिए युद्ध घोषणा करो। उठो, गर्व से बोलो, 'हम हिंदू हैं' और त्रिशूल धारण करो।

[*फ्रीज होता है।*]

रिं. मा. : गुड, गुड, लाइक इट। कितना सुंडर म्यूजिक है। अच्छा, यहाँ से बोला ठा राईट टर्न। फिर सीडा, ओ हो हो हो हो। यही होगा वो फ़ाउज-ए-इस्लाम बवन जो उस चोकरा ने बटाया ठा। यहाँ से बी कुच आवाज आटा है।

गुंडा-2 : इस्लाम ख़तरे में है मोमिनो! फिर से जिहाद की तैयारी करो, क्या तुम सिर्फ फसादों में मारे जाने के लिए पैदा हुए हो? ऐ खुदा के बंदो, ये जान लो कि हिंदुओं की इस हुकूमत में तुम्हें कुछ नहीं मिलनेवाला। तुम्हें अपना हक़ आगे बढ़के छीनना होगा। उठाओ शमशीर-ए-इस्लाम, अपनी हिफाज़त की खातिर, अपनी तरक्की की खातिर।

[*फ्रीज होता है।*]

रिं. मा. : वाह, वाह, कितने सुंदर विचार हैं, किटना जोश है, किटनी डिलेरी है, ऐसे बहाडुर लोग हमें चाहिए सैम प्रो डाईएकटा को ट्रेन करने के लिए। यहाँ से फिर राईट मुरना ठा, फिर सीडा, फिर सीक सेना बवन पहुँचना था। लगटा है पहुँच गया। लेकिन इस पर लगे लाउडस्पीकर से क्या आवाज आ रही है?

गुंडा-3 : एस मुल्क विच हुण साड्डे वास्ते कोई जगह नई रै गई हैगी। ऐ देश नाशुक्रया दा देश है। असाँ एस देश दी खातिर की-की कुरबानियाँ दित्तियाँ, फेर भी इत्थे साड्डी कोई पुच्छ नहीं। हुण असाँ चुप नहीं बैठणा, असाँ पंजाब तों हिंदुआँ नूँ कड्डके खालिस्तान बनाणा है। उठो मेरे वीरो, चुक लयो बंदूकाँ ते तलवाराँ, ते धरम युद्ध शुरू करो।

रिं. मा. : अरे, ये तो बिल्कुल हमारा डियर डिपारटिड फ्रेंड बिन-बिन डराने वाला की तरह बोलटा है। इन टीनों

को कॉनटैक्ट करना होगा। हमारा काम टो इनसे ही बन जाएगा। गुड, गुड वैरी गुड। लेकिन पैले मंट्री से बाट करके डेकटा है।

[जाता है। तीनों फिर नारे लगाकर एक साथ अपने पहलेवाले भाषण शुरू करते हैं। भाईचारा आता है। उन्हें बीच में ही टोककर—]

भाईचारा : खामोश, खामोश, खामोश। नहीं बँटेंगे यहाँ पर त्रिशूल, नहीं उठेंगे खालिस्तान के नारे, नहीं निकलेंगी मजहबी तलवारें। ये हिंदोस्तान है। यहाँ पर सब अमन-चैन से रहेंगे। हिंदू-मुस्लिम, सिख, ईसाई, भाई-भाई की तरह रहेंगे।

तीनों : कौन है तू?

भाईचारा : मैं हूँ भाईचारा, हिंदोस्तान की एकता का रखवाला, जब तक मैं जिंदा हूँ तुम्हें फूट के शोले नहीं भड़काने दूँगा।

तीनों : अच्छा?

भाईचारा : हाँ।

न हिंदुराष्ट्र,
न खालिस्तान,
एक रहेगा हिंदोस्तान।
एक रहेंगे हिंदोस्तानी,
एक रहेगा हिंदोस्तान।

दीन-धरम के नाम पे दंगे कोई नहीं कर पाएगा,
अब के लड़ाई लानेवाला बचके न जाने पाएगा।
जो हमको लड़वाएगा मर जाएगा हैवान
न हिंदू राष्ट्र,
न खालिस्तान,
एक रहेगा हिंदोस्तान।

[तीनों भाईचारे को मारकर धीरे-धीरे पीछे हटते हैं। एक-दूसरे पर नजर पड़ती है। नारा लगाते हुए एक-दूसरे पर झपटते हैं। तभी सीटी बजाता रिंग मास्टर आता है।]

रिं. मा. : ए मैन क्या करटा है, ये क्या करटा है? हम टो टुम से मिलने के लिए मंट्री के पास से उठकर चला आया और टुम एक-दूसरे को मारटा है? बहुत गलट बाट है। टुम सोचटा है हम कौन है। बटाटा है। हम टुम्हारा डोस्ट

है, टुम टीनों एक दूसरे का डुशमन है, लेकिन हम टुम टीनों का डोस्ट है। हम है ग्रेट अमेरिकन सर्कस का मैनेजर।

तीनों : ओह, गुड मारनिंग सर, गुड मारनिंग।

रि. मा. : मॉरनिंग, मॉरनिंग। अच्छा, पहले अपना-अपना इंट्रोडक्शन दीजिए।

गुंडा-1 : माईसैल्फ सेनापति शिव शक्ति प्रसाद बजरंग भक्त।

रि. मा. : सेनापति शिवा शाक्टि प्रसाड बैजरैंग बक्टा दैट्स व्हॉट आई काल ऐन इंप्रैसिव नेम। नाम सुनके ही पटा चल जाटा है कि आप बहुट महान आडमी होगा।

गुंडा-1 : थैंक यू सर, आपके सामने तो मैं कुछ भी नहीं हूँ।

रि. मा. : और आप?

गुंडा-2 : सिपहसालारे आलम आदम अली खान हबीबे इस्लाम।

रि. मा. : सुबानल्ला, सुबानल्ला, आपका नाम बी बहुट इंप्रैसिव है। और आप?

गुंडा-3 : फ़ील्ड मार्शल करनैल सिंह आफ़ खालिस्तान आर्मी।

रि. मा. : ग्लैड टु मीट यू ऑल, अम आप टीनों को अमेरिकन सरकार का टरफ से मुबारकबाड देना चाटा है।

तीनों : थैंक यू सर, थैंक यू।

रि. मा. : (*तीनों के बीचोंबीच पहुँचता है*) अमने आपका स्पीचिज़ सोना, अम को पसंड आया। अम आपका मडड करना चाटा है।

तीनो : (*घुटनों पर गिरकर*) थैंक यू सर क यू। आप अगर हमारी मदद करें तो हम भारत का नक्शा बदल के रख दें। हमारे पास सबकुछ है, काम करने की भावना है, पक्का इरादा है, विचारधारा है, बस पैसे की कमी है। आप हमें कुछ ऐड दे सकें।

गुंडा-1 : तो हम हर हिंदू के हाथ में एक त्रिशूल पकड़ा दें।

गुंडा-2 : हर मुसलमान के हाथ में एक खंजर थमा दें।

गुंडा-3 : हर सिख के हाथ में एक स्टैनगन थमा दें।

तीनों : सर, आप हमारे माई-बाप हो, हमारे सबकुछ हो, हमें डॉलर दे दो, बस डॉलर दे दो।

रि. मा. : (*बीच से निकलकर एक तरफ जाता है*) मिलेगा, जरूर मिलेगा। जिटना माँगोगे मिलेगा। लेकिन अमारा

मडड करना होगा।

तीनों : (*उसके पीछे रेंगते हुए*) सर, हम आपके गुलाम हो जाएँगे, आप जो कहेंगे, वही करेंगे।

रिं. मा. : डेको, अम हैं 'इंटरनेशनल पशु प्रेमी संघ' का प्रेसिडेंट। टुमारे मुलुक में एक जानवर पाया जाता है जिसका नाम है सैम प्रो डाईएकटा।

तीनों : सांप्रदायिकता?

गुंडा-1 : सर, मैं तो उस जानवर का सबसे बड़ा व्यापारी हूँ, हर साल देश-भर में उसके लाखों पिल्ले बेचता हूँ।

गुंडा-2 : सर, मैं भी कई पुश्तों से इसी धंधे में हूँ। मैंने इस जानवर की नई-नई नस्लें बनाई हैं। मैं इनके जितना बड़ा व्योपारी तो नहीं हूँ फिर भी देश के बहुत-से हिस्सों में मेरा कारोबार है।

गुंडा-3 : सर जी, मैं इस लाइन में नया आया हूँ। लेकिन मैं मॉडर्न तरीकों से इस जानवर को पालता हूँ। उसके लिए विदेशों से दवाइयाँ और चारा मँगवाता हूँ। पंजाब के पूरे मार्किट पर मेरी कंपनी का कंट्रोल है।

रिं. मा. : गुड, गुड। अम चाटा है कि इस जानवर की अच्ची डेकबाल के लिए डेस को चार-पाँच एरियाज में बाँट दिया जाए। आप जैसे अनुबवी लोगों को उसका इनचार्ज बनाया जाए। इसीलिए हम मंट्री के पास गया टा। पर वो मानटा ही नहीं, कैटा है हम डेस को ऐसे टुकरे-टुकरे नहीं करने डेगा। वहाँ से हारकर हम आपका मडड माँगने आया है।

गुंडा-1 : अजी सर, आपने भी क्या बात कह दी। मंत्री की आप फिकर मत कीजिए। इलैक्शन के टाईम हमारे पास हाथ जोड़े आता है।

गुंडा-2 : कहता है औरों के लिए तो करते हो। हमारे लिए भी करो अपनी सांप्रदायिकता के करतब ताकि लोग खुश होकर कुछ वोट हमें भी दें।

गुंडा-3 : और भी कई नेता हमारे पास आते हैं, उनके लिए भी हम काम करते हैं। ये मंत्री आपको ज्यादा परेशान करेगा तो हम उससे कह देंगे कि भई आज से तेरे लिए करतब बंद। बस एक मिनट में ठीक हो जाएगा।

रिं. मा. : वैरी गुड, अमें आपसे ऐसा ही आसा ठा। टो आइए, अब

कुछ काम का बाट् हो जाए ।

[*जेब में हाथ डालता है, चारों सर जोड़कर बैठते हैं जमूरा आता है ।*]

जमूरा : (*खून से लथपथ भाईचारे को देखकर*) अरे, ये कौन है । खून से लथपथ है बेचारा । (*उठाता है ।*) ओ भैया, किसने किया तेरा ये हाल ?

[*भाईचारा इशारा करता है ।*]

जमूरा : उन्होंने ? क्यों तेरा क्या झगड़ा है उनसे ? कौन है तू ?

भाईचारा : (*उसे झटककर*) अपने भाईचारे को नहीं पहचानते ? उससे पूछते हो कौन है तू ? यह नौबत आ गई है ? जो भाईचारा हमेशा से तुम्हारे साथ, तुम्हारे गली-मुहल्लों, तुम्हारे घर में रहा, जो तुम्हारे तीज-त्यौहारों, तुम्हारी खुशी-गमी में बराबर का शरीक रहा, जिसका हाथ थामे तुमने जुल्मो-सितम से लोहा लेना सीखा, आज उसी भाईचारे से पूछते हो कि तू कौन है ?

जमूरा : भाईचारे, मुझे माफ कर दे । मैं तुझे पहचान नहीं सका । मुझे यकीन नहीं होता कि इस देश में तेरी यह हालत हो जाएगी ? जो लोग तेरी खातिर अपनी जान लुटा देते थे, अपनी जान पर खेल जाते थे, वह एक दिन तेरा यह हाल होने देंगे ? चल तू मेरे साथ, जिन्होंने तेरा यह हाल किया है मैं उनको जिंदा नहीं छोड़ूँगा ।

[*चारों की तरफ लपकता है ।*]

जमूरा : ओ भाईचारे के दुश्मनों, इधर आओ, और भूखी जनता के बेटे का सामना करो ।

[*चारों पलटते हैं । जमूरा हक्का-बक्का रह जाता है ।*]

(*रिं. मा. से*)

आप ? आप यहाँ कैसे पहुँच गए ? मैंने आपको मंत्री के पास भेजा था ।

रिं. मा. : मंट्री से अमारा काम नहीं चला, अम डायरेक्टली अपने डोस्टों के पास आ गया । ऐनी ऑबजेक्शन ? कोई एटराज ?

जमूरा : एटराज के बच्चे, मैं तेरा खून पी जाऊँगा । अपने को पशुप्रेमी कहता है और भाईचारे के दुश्मनों के साथ साँठगाँठ करता है ?

[*जमूरा आगे झपटता है ।*]

रिं. मा. : ए, टुम डेकटा क्या है ? इसे मारो, मारो इसे ।

[तीनों नारा लगाकर जमूरे पर झपटते हैं । जमूरा दर्द से चीखता है ।]

भाईचारा : छोड़ दो, छोड़ दो उसे ।

[तीनों जमूरे को बाहर फेंकते हैं और भाईचारे को घसीटकर ले जाते हैं । रिंग मास्टर हँसता है ।]

रिं. मा. : लेडीज एंड जेनटलमैन, टो शुरू होटा है द ग्रेड अमेरिकन सर्कस ।

[रिंग मास्टर जाता है । मदारी आता है ।]

मदारी : बड़ी देर हो गई जमूरे को गए । अभी तक लौट के नहीं आया । चक्कर क्या है !

[जमूरा खून से सना घिसटता हुआ आता है ।]

जमूरा : उस्ताद जी, उस्ताद जी !

मदारी : अरे मेरे बच्चे, ये तुझे क्या हुआ ? किसने तेरा ये हाल किया ? कौन है वो, बता मुझे । बोल, बोल मेरे लाल, कुछ तो बोल ।

जमूरा : उस्ताद, भाईचारा बुरी तरह जख्मी है और कैद है । सेनापति शिवशक्ति, सिपहसालार आदम अली, फील्ड मार्शल करनैलसिंह और, और अमरीकन सर्कस···

मदारी : भाईचारा उनके कब्जे में है ?

जमूरा : हाँ ।

मदारी : और तेरा ये हाल भी उन्हीं ने किया है ?

जमूरा : हाँ ।

मदारी : मेहरबानो, कदरदानो, आपने सुना, आपका भाईचारा कैद है, उसके दुश्मनों का नाम भी आपने सुन लिया । जाइए, जाइए, अपने भाईचारे को छुड़ाकर लाइए । क्या ? आप लोग नहीं जाएँगे ? ऐसे ही खड़े रहेंगे ? अरे अपने भाईचारे की रक्षा आप नहीं करेंगे तो और कौन करेगा ? किसके सहारे बैठे हैं आप लोग ? किसकी आस लगाए हैं ? क्या कहा, ये काम सरकार का है ? अरे सरकार का तो न जाने क्या-क्या काम है । जानोमाल की रक्षा करना सरकार का काम है । कर पाती है ? महँगाई रोकना सरकार का काम है । रोक पाती है ? रोजगार देना, शिक्षा देना सरकार का काम है, दे पाती है ? अरे इसी सरकार के सहारे बैठे रहे तो देश के

टुकड़े-टुकड़े हो जाएँगे। ये लोग तो अब भी चुप हैं!

जमूरा : उस्ताद, इनके बस का कुछ नहीं है। यह ऐसे ही खड़े-खड़े तमाशा देखते रहेंगे। इनके भाईचारे का अपहरण होता रहेगा। मुहल्लों में त्रिशूल बँटते रहेंगे, जिहाद और खालिस्तान के नारे लगते रहेंगे और ये लोग इन नारों की लपेट में आकर एक-दूसरे का खून होते देखते रहेंगे, लेकिन कभी खूनी हाथ नहीं रोकेंगे। उसके खिलाफ आवाज नहीं उठाएँगे। तुम बेकार में अपनी ताकत खर्च कर रहे हो।

मदारी : नहीं, जमूरे नहीं, मुझे यकीन है कि ये उठेंगे। इन्हें एक बार बस भरोसा हो जाए कि इनके बचाए से भाईचारा बच सकता है, इनके रोके से देश टूटने से रुक सकता है, तो ये जरूर आगे आएँगे। चल, अभी मैं और तू इकट्ठे चलते हैं भाईचारे को ढूँढने।

[दोनों जाते हैं। रस्सियों से जकड़ा भाईचारा आता है। उसकी रस्सियाँ थामे हैं रिंग मास्टर और तीनों गुंडे।]

भाईचारा : मेरा जन्म हुआ था भाई
कितनी ही सदियों पहले,
कोई मुझको कहे एकता
कोई भाईचारा कह ले।
मेरे ही बूते वीरों ने
आज़ादी की जंग लड़ी,
मेरी ही ताकत से डर
अंग्रेजी सेना भाग खड़ी।
आज अगर ये देश सलामत
है तो मेरे ही बल से,
आज अगर मैं मर जाऊँ तो
गृहयुद्ध होगा कल से।
आओ भारतदेश के वीरो
आ मुझको आजाद करो,
आओ मेरे बंधन तोड़ो
अमन को फिर आबाद करो।

(अक्तूबर,1986)

• • •